Schönberger Impulse — Praxisideen Religion

Kompetenzorientierter Religionsunterricht in der Grundschule

Beispiele aus der Praxis

Anne Klaaßen (Hg.)

Diesterweg

Schönberger Impulse. Praxisideen Religion
werden herausgegeben vom Religionspädagogischen Institut der Ev. Kirche in Hessen und Nassau

Autorinnen dieses Heftes:

Sandra Abel, Lehrerin an der Pestalozzi-Grundschule Raunheim

Edda Herbert, Lehrerin an der Pestalozzi-Grundschule Wiesbaden-Biebrich

Anne Klaaßen, Studienleiterin am RPI der EKHN, Servicestelle Mainz

Brigitte Weißenfeldt, Studienleiterin am PTI der EKKW in Kassel

Wir haben versucht, alle Rechte der hier aufgenommenen Texte zu klären. Bei Drucklegung lagen noch nicht alle Angaben vor. Falls Ansprüche bestehen, bitten wir, mit dem RPI (Theodor-Heuss-Ring 52, 63128 Dietzenbach) Kontakt aufzunehmen.

© 2013 Bildungshaus Schulbuchverlage
Westermann Schroedel Diesterweg Schöningh Winklers GmbH, Braunschweig
www.diesterweg.de

Das Werk und seine Teile sind urheberrechtlich geschützt. Jede Nutzung in anderen als den gesetzlich zugelassenen Fällen bedarf der vorherigen schriftlichen Einwilligung des Verlages. Hinweis zu § 52a UrhG: Weder das Werk noch seine Teile dürfen ohne eine solche Einwilligung gescannt und in ein Netzwerk eingestellt werden. Dies gilt auch für Intranets von Schulen und sonstigen Bildungseinrichtungen.
Auf verschiedenen Seiten dieses Buches befinden sich Verweise (Links) auf Internet-Adressen. Haftungshinweis: Trotz sorgfältiger inhaltlicher Kontrolle wird die Haftung für die Inhalte der externen Seiten ausgeschlossen. Für den Inhalt dieser externen Seiten sind ausschließlich deren Betreiber verantwortlich. Sollten Sie bei dem angegebenen Inhalt des Anbieters dieser Seite auf kostenpflichtige, illegale oder anstößige Inhalte treffen, so bedauern wir dies ausdrücklich und bitten Sie, uns umgehend per E-Mail davon in Kenntnis zu setzen, damit beim Nachdruck der Verweis gelöscht wird.

Druck A[1] / Jahr 2013
Alle Drucke der Serie A sind im Unterricht parallel verwendbar.

Redaktion: Anne Klaaßen, Mainz
Herstellung: Corinna Herrmann, Frankfurt am Main
Umschlaggestaltung: Ulrich Dietzel, Frankfurt am Main
Satz: fotosatz griesheim GmbH, Griesheim
Druck und Bindung: pva, Landau

ISBN 978-3-425-**07979**-0

Inhaltsverzeichnis

Einführung in kompetenzorientiertes Unterrichten im Religionsunterricht 5

Kinder fragen nach Gott　　　*2. – 3. Schuljahr* 9
Deutungsmöglichkeiten eröffnen mit dem Bilderbuch „Ein Apfel für den lieben Gott"
von Hermann Schulz mit Bildern von Dorota Wünsch

Wer ist dieser Jesus?　　　*3.– 4. Schuljahr* 31
Über den Menschen Jesus von Nazareth und seine Beziehung zu Gott nachdenken

Übergänge reflektieren und gestalten　　　*3. – 4. Schuljahr* 56
Am Lebensweg Jakobs Anteil nehmen und Bezüge zum eigenen Leben herstellen
(Gen 25-33)

Warum wir heute evangelisch sind　　　*3. – 4. Schuljahr* 88
Über Martin Luther und die eigene Konfession Auskunft geben

Erntedank feiern in der Schule　　　*1. – 4. Schuljahr* 100
Kumulativer Kompetenzaufbau – ein Beispiel für das Schulcurriculum

Elementare biblische Geschichten einordnen　　　*1. – 4. Schuljahr* 106
Wiederholen und üben – erweitern – verknüpfen

Dank

Die Arbeit an dieser Handreichung ist nicht denkbar ohne die fachlichen Gespräche mit Brigitte Weißenfeldt, pti Kassel, Edda Herbert, Lehrerin in Wiesbaden-Biebrich und Sandra Abel, Lehrerin in Raunheim/Frankfurt. Sie haben wesentlich zur Entstehung beigetragen, nicht zuletzt mit ihren Erfahrungen aus der Praxis und ihren erprobten Unterrichtsideen. Ihnen ein herzliches Danke schön.

Mein Dank gilt auch den vielen Kolleginnen und Kollegen, die im Rahmen von Fortbildungsveranstaltungen die Entwürfe kritisch begleitet haben und mit ihren Rückmeldungen zur Profilierung und Verbesserung beigetragen haben.

Im Besonderen gilt mein Dank hier vor allem den Kindern einer Grundschule in Rheinhessen, mit denen ich meine Unterrichtsideen entwickeln konnte und kann. Mit großem Ernst und voller Engagement denken sie mit mir über Gott und die Welt nach. Sie lassen sich auf meine Anregungen ein oder geben unmissverständlich zu verstehen, dass ihre Fragen in eine andere Richtung gehen. Ich bin immer wieder neu fasziniert von den Konstruktionen der Kinder, ihren Gedanken und Vorstellungen. Wenn dann, innerhalb ein oder zwei Schuljahre festzustellen war, was sich entwickelt hat, wie Gelerntes in die Argumentation einbezogen wurde, wo sich eigenständiges Verstehen abzeichnete, wo sich anstelle eines konkreten Wortverständnisses ein symbolisches Verständnis auftat, erfüllte mich das mit tiefem Respekt vor den Kindern. Mit welchem Vertrauen gehen sie Wege mit, die ihnen der Religionsunterricht anbietet.

Ich wünsche allen Leserinnen und Lesern ähnliche, ermutigende Begegnungen in ihrem Religionsunterricht.

Frühjahr 2013   Anne Klaaßen

Einführung in kompetenzorientiertes Unterrichten im Religionsunterricht

Pisa und die Folgen

Nach dem „Pisa-Schock" vor zehn Jahren sind die Überlegungen zu Kompetenzen und Bildungsstandards das Instrument geworden, mit dem die Entwicklung von Unterricht voran getrieben wird. Anstelle von inhaltsbezogenen Lehrplänen, die detailliert beschreiben, was in welchem Schuljahr zu vermitteln ist, formulieren die neuen Bildungspläne, was Schüler/-innen am Ende eines Lernzeitraums tatsächlich können sollen. Das bedeutet hier: Was haben Schüler/-innen tatsächlich am Ende von Klasse 4 im Fach Religion an Wissen, Fähigkeiten und Fertigkeiten erworben? Es kommt also darauf an, was am Ende als „output" feststellbar ist. Damit rückt der Lernprozess deutlicher in den Fokus.

Religiöse Kompetenz in den einzelnen Bildungsplänen

Bereits 2004 hat die Kultusministerkonferenz nationale Bildungsstandards für Deutsch und Mathematik vorgelegt. Für das Fach Evangelische Religion ist das Bild uneinheitlicher. Die Vertreter der einzelnen Landeskirchen, die in den entsprechenden Fachgruppen an den Kompetenzen und Bildungsstandards mitgearbeitet haben, trugen mit unterschiedlichem Vorverständnis ihre Vorstellungen in die neuen Bildungspläne ein. Ausführlich hat Gabriele Obst den Stand der Lehrplanentwicklung in den einzelnen Bundesländern in ihrem Band „Kompetenzorientiertes Lernen und Lehren im Religionsunterricht" (Obst 2008, S. 14ff) dargestellt. Eine aktuelle Zusammenschau der kultusministeriellen Vorgaben im Bereich Grundschule stellt Rainer Möller vor (Möller 2012). Auf seine Vorarbeiten beziehen sich im Wesentlichen die folgenden Ausführungen.

Ein konstituierendes Element, das sich durch die meisten Bildungspläne für Evangelische Religion in der Grundschule zieht, geht auf die Dimensionen religiöser Bildung zurück, wie sie von Ulrich Hemel (Hemel 1988) formuliert worden sind. Hemel unterscheidet im einzelnen religiöse Sensibilität, religiöse Ausdrucksfähigkeit, religiöse Inhaltlichkeit, religiöse Kommunikation und religiös motivierte Lebensgestaltung. Aus diesen Dimensionen entwickelte die Arbeitsgruppe „Einheitliche Prüfungsanforderungen Abitur" fünf Kompetenzbereiche:
- Wahrnehmungs- und Darstellungsfähigkeit – religiös bedeutsame Phänomene wahrnehmen und beschreiben
- Deutungsfähigkeit – religiös bedeutsame Sprache und Zeugnisse verstehen und deuten
- Urteilsfähigkeit – in religiösen und ethischen Fragen begründet urteilen
- Dialogfähigkeit – am religiösen Dialog argumentierend teilnehmen
- Gestaltungsfähigkeit – religiöse bedeutsame Ausdrucks- und Gestaltungsformen verwenden

Die Kompetenzbereiche sind nicht immer trennscharf voneinander zu unterscheiden. Sie ergänzen sich wechselseitig und zeigen auf diese Weise, was man unter „religiöser Kompetenz" verstehen kann. Für die Grundschulpläne haben sich aus den Dimensionen Verbpaare herausgebildet, die die angestrebten Kompetenzen bis Ende Klasse 4 strukturieren. Das Hessische Kerncurriculum für die Grundschule kommt zu folgenden Kompetenzbereichen (Hessen Bildungsstandards und Inhaltsfelder 2011, S. 12):
- Wahrnehmen und beschreiben
- Fragen und begründen
- Deuten und verstehen
- Kommunizieren und Anteil nehmen
- Ausdrücken und gestalten
- Handeln und teilhaben

Zu den einzelnen Bereichen werden Bildungsstandards formuliert, die das Können der Schülerinnen und Schüler nach Erreichen der 4. Klasse beschreiben.

Im Teilrahmenplan Evangelische Religion Grundschule Rheinland-Pfalz (Rheinland-Pfalz Teilrahmenplan Ev. Religion Grundschule 2011, S. 8) werden die Verbpaare als „allgemeine Kompetenzen" aufgeführt.

- Wahrnehmen und beschreiben
- Deuten und verstehen
- Gestalten und handeln
- Kommunizieren und beurteilen
- Teilhaben und entscheiden

Daneben stehen im Teilrahmenplan sechs grundlegende Kompetenzen religiöser Bildung, an denen entlang Religionsunterricht stattfinden soll. Ziel ist es, dass Schülerinnen und Schüler am Ende von Klasse 4

- das eigene Selbst- und Weltverständnis wahrnehmen, vielgestaltig zum Ausdruck bringen und an biblischen Texten spiegeln;
- Grundformen religiöser Sprache in biblischen Geschichten, Psalmen, Symbolen, Gebeten, Gebärden unterschieden, deuten und gestalten;
- Zentrale Motive des christlichen Glaubens und exemplarische Gestalten der Christentumsgeschichte beschreiben und über deren Bedeutung Auskunft geben;
- Unterschiedliche Ausdrucksformen des Glaubens wie Feste, Feiern oder Rituale beschreiben und mit vollziehen;
- Andere religiöse Lebenswelten wahrnehmen und mit Angehörigen fremder Religionen respektvoll kommunizieren;
- Mit Hilfe der biblischen Botschaft Leben fördernde und lebensfeindliche Ansprüche unterscheiden und eigene Wünsche und Vorhaben an ihnen messen. (Rheinland-Pfalz 2011, S. 9ff)

Von der Kompetenz zum Inhalt

Die Kompetenzen werden an Inhalten erworben. So stehen den Kompetenzen oder Bildungsstandards die Inhaltsbereiche gegenüber: Gott, Jesus von Nazareth – Jesus Christus, Mensch und Welt, Kirche, Religionen und Bibel. Jedoch bleibt die Frage, wie die Verknüpfung von Kompetenz und Inhalt gelingt. Inhalte werden nicht mehr um ihrer selbst willen unterrichtet und durchgenommen. Sie werden auch nicht überflüssig oder anders. Vielmehr werden sie von den Kompetenzen her neu befragt und entfaltet.

!! Die beschriebenen Unterrichtsvorschläge gehen von einer Anforderungssituation aus. Welche Kompetenzen werden zur Bearbeitung und Bewältigung gebraucht? Welche Inhalte sind hilfreich? Die Inhalte werden von der Kompetenz her befragt.

Der konkrete Unterricht wird von einer Anforderungssituation her initiiert und geplant. Die Anforderungssituation kann eine glückliche Fügung im Unterricht sein „Jetzt reden wir dauernd über Gott, aber wir wissen nicht, ob es ihn tatsächlich gibt oder nicht." Sie kann aus dem Umfeld der Schule stammen wie z. B. das Lutherdenkmal in Worms. Es kann auch eine konstruierte Situation sein: „Die Oma von Nina ist gestorben. Was kann sie trösten?" Die Anforderungssituation sollte möglichst komplex sein, keine schnellen Antworten erlauben, sondern einen längeren Lernprozess immer wieder einfordern. Am Ende eines solchen Lernweges wird die Anforderungssituation zur Anwendungssituation. Über welche Kompetenzen verfügen jetzt die Schülerinnen und Schüler? Wie können sie die Situation religiös deuten, beurteilen, sich begründet dazu positionieren, sie „bewältigen"?

Um den Fragen der Schüler/-innen begegnen zu können, braucht es von Seiten der Lehrkraft theologische Kompetenz, ein Repertoire an biblischen Geschichten und ein breites Methodenspektrum. In einem Kompetenz-Inhalts-Netz wird eine Art „innere Landkarte" aufgezeichnet. Die Kompetenzbereiche bzw. die Verbpaare bieten sich als eine Leiste des Rasters an. In der Spalte können mögliche Stundenthemen stehen. Hier wird das Kompetenz-Inhalts-Netz assoziativ mit möglichen Inhalten, Elementen, Methoden gefüllt, doch es dürfen auch Felder leer bleiben. Der konkrete Unterricht verläuft wahrscheinlich in eigenen Schleifen und Mustern. Das Kompetenz-Inhalts-Netz erlaubt die besonderen Lernwege dieser Religionsgruppe, weil das Ganze nicht aus dem Blick gerät. Vernetzungen können so entdeckt und genutzt werden.

!! Das Kompetenz-Inhalts-Netz dient als innere Landkarte für einen nicht in allen Details im Voraus planbaren Unterrichtsprozess.

Hilfreich für die Konzipierung und Durchführung von kompetenzorientiertem Unterricht ist das Lehr-Lernprozessmodell, das vom Institut für Qualitätsentwicklung des Hessischen Kultusministeriums entwickelt worden ist. Hier werden parallel Lehrer- und Schülerperspektiven in den Blick genommen. Die Aufgaben der Lehrkraft werden ebenso beschrieben wie die Aktivitäten der Schülerinnen und Schüler. Dass sich neben dem Planen und Moderieren von Unterricht auch Phasen der Instruktion, durchaus zentriert im Klassenverband, finden, ist selbstverständlich.

Einführung in kompetenzorientiertes Unterrichten im Religionsunterricht

Auf dem Weg zum kompetenzorientierten Unterricht – Lehr- und Lernprozesse

Lernen vorbereiten und initiieren
- Bezug zum Kern- und Schulcurriculum
- Lernausgangslage
- Transparenz der Kompetenzerwartungen
- kognitive Aktivierung

„Ich weiß und kann schon etwas. Ich habe eine Vorstellung davon, was wir vorhaben. Ich stelle Fragen und entwickle Ideen."

Lernen vorbereiten und initiieren
- Bezug zum Kern- und Schulcurriculum
- Lernausgangslage
- Transparenz der Kompetenzerwartungen
- affektive und kognitive Aktivierung

„Ich weiß und kann schon etwas. Ich habe eine Vorstellung davon, was wir vorhaben. Ich stelle Fragen und entwickle Ideen."

Lernen bilanzieren und reflektieren
- Anforderungssituationen (Leistungsaufgaben)
- Leistungsfeststellung (summativ: bezogen auf Kompetenzniveaus, i. d. R. bewertet)
- Reflexion
- Perspektiven

„Ich weiß, welche Ziele ich erreicht habe und wo ich stehe. Ich halte fest, was ich mir vornehme. Ich bringe meine Vorschläge für die Weiterarbeit ein."

Lehrende

Lernende

Lernwege eröffnen und gestalten
- Situierung
- Anforderungssituationen (Lernaufgaben)
- Anknüpfung und Vernetzung
- Konstruktion und Instruktion
- Dokumentation der Lernwege

„Ich arbeite alleine und mit anderen. Ich habe Ziele und erhalte Unterstützung. Ich nutze mein Können und lerne Neues. Ich sammle und zeige Spuren meiner Arbeit."

Kompetenzen stärken und erweitern

Differenzierte Anforderungssituationen: Übung, Vertiefung, Anwendung und Transfer

„Ich arbeite auf meine Ziele hin und erhalte dabei Unterstützung. Ich nutze mein Wissen und Können – auch in für mich neuen Situationen. Ich erprobe und festige, was ich gelernt habe."

Orientierung geben und erhalten
- Lernstandsfeststellung (formativ: beurteilend, orientierend, unbewertet)
- Selbst – und Mitschülereinschätzung
- Feedback: Lerngespräche
- Stärkung und Ermutigung

„Ich weiß, was ich schon kann und woran ich noch arbeiten muss. Ich bekomme Rückmeldung und Beratung. Ich setze mir neue Ziele."

Redaktionsgruppe IQ
(Petra Loleit, Gunther Diehl u. a.)

Nach dem Lehr-Lernprozessmodell gliedert sich jedes Unterrichtsvorhaben in die fünf Phasen:
- Lernen vorbereiten und initiieren;
- Lernwege eröffnen und gestalten;
- Orientierung geben und erhalten;
- Kompetenzen stärken und erweitern;
- Lernen bilanzieren und reflektieren.

In dieser Abfolge können die Schüler/-innen nachhaltig lernen. Es gibt einen guten Wechsel zwischen angeleitetem und selbstorganisiertem Lernen. Orientierung geben und erhalten, der Aufbau einer Feedback-Kultur helfen den eigenen Lernprozess zu reflektieren. Die Kinder haben Zeit zur Wiederholung, Übung und Vertiefung. Sie finden Gelegenheiten und Anreize, um Inhalte miteinander zu verknüpfen und Beziehungen zwischen den einzelnen Themen herzustellen. Sie werden auskunftsfähig, beteiligen sich an der Planung und Gestaltung von Festen und Feiern entlang des Kirchenjahres und können sich zunehmend begründet positionieren.
Jedem Unterrichtsvorschlag ist eine Fülle von Materialien beigefügt. Manches ist bekannt, wird aber durch die Kompetenzorientierung neu befragt und genutzt.
Von Anfang an wird im Unterricht auf Zieltransparenz geachtet. Die Schüler/-innen erfahren beispielsweise, welche Kriterien an die Heftführung gelegt werden oder wie sie ihren Lernprozess dokumentieren sollen. Regelmäßige Gespräche werden über Lernverhalten, Lernfortschritte und Ergebnisse geführt. Aufgabenstellungen fragen weniger nach Detailwissen, vielmehr sollen sie zu eigenständigem Nachdenken anregen, sie sollen das Partnergespräch ermöglichen und in Gruppenprozessen nach aktiver Auseinandersetzung zu Präsentationen anleiten. Als eine wichtige Methode hat sich das Theologisieren mit Kindern erwiesen. Dies ist vor allem bei den Unterrichtsideen zu „Kinder fragen nach Gott" und „Wer ist dieser Jesus?" nachzuvollziehen.
Nachdenkaufgaben und Beispielaufgaben, die schriftlich zu bearbeiten sind, lassen Rückschlüsse auf das Denken und Argumentieren der Kinder zu. Oft dokumentieren sie die Lernprozesse der Schüler/-innen. Wo es gelingt, an die Konstruktionen der Kinder anzuknüpfen, diese weiter im Gespräch zu halten und mit biblischen Erfahrungen und Glaubenserfahrungen heute zu verbinden, wird der Religionsunterricht besonders lebendig und ernsthaft. Er hat auf einmal mit uns selbst zu tun.

Es zahlt sich aus, auch im Fach Religion, wenn Schüler/-innen Auskunft darüber geben können, was sie gelernt haben. Die Antwortversuche der Schüler/-innen während des Prozesses und am Ende eines Vorhabens bieten Material zur Leistungsbeurteilung. Nach wie vor werden in Klasse 3 und 4 Noten erteilt. In Rheinland-Pfalz sind diese verbal zu begründen.

> !i *Beispielaufgaben in enger Anbindung geben Auskunft darüber, was Schüler/-innen wissen und können.*

Literatur

Hemel, Ulrich: Ziele religiöser Erziehung. Beiträge zu einer integrativen Theorie. Frankfurt/M. u. a. 1988. (Regensburger Studien zur Theologie; 38)

Hessisches Kultusministerium (Hg.) Bildungsstandards und Inhaltsfelder. Das neue Kerncurriculum für Hessen. Primarstufe. Evangelische Religion. Wiesbaden 2011

Institut für Qualitätssicherung des Kultusministeriums Hessen. Wiesbaden 2011

Ministerium für Bildung, Wissenschaft, Jugend und Kultur Rheinland-Pfalz (Hg.) Teilrahmenplan Evangelische Religion Grundschule. Mainz 2011

Möller, Rainer: Kompetenzorientierte Lehrpläne für den evangelischen Religionsunterricht in der Grundschule im Ländervergleich. Münster: Comenius Institut 2011

Obst, Gabriele: Kompetenzorientiertes Lernen und Lehren im Religionsunterricht. Göttingen 2008

Kinder fragen nach Gott *2. – 3. Schuljahr*

Deutungsmöglichkeiten eröffnen mit dem Bilderbuch „Ein Apfel für den lieben Gott" von Hermann Schulz mit Bildern von Dorota Wünsch

Von der Anforderungssituation her denken

Immer wieder flackert in der Klasse die Diskrepanz auf, dass einige Kinder eine deutlich ablehnende, negierende Haltung Gott gegenüber haben, andere dagegen sehr konkrete Vorstellungen von Gott haben und mit ihm rechnen. Der Vorspann des Bilderbuches lädt genau zu diesen Überlegungen ein: „Ich habe Gretchen gefragt, ob sie auch heute noch glaubt, dass damals der liebe Gott im Spiel war. Da hat sie nur gelächelt und gesagt, das müsse ich selber herausfinden."

Kompetenzen und Bildungsstandards

Welche Kompetenzen werden gebraucht, um herauszufinden, ob „Gott im Spiel war"? Dazu finden sich in den kultusministeriellen Vorgaben trotz unterschiedlicher Ansätze doch beeindruckend übereinstimmende Formulierungen.
So benennt Hessen in „Bildungsstandards und Inhaltsfelder. Das Kerncurriculum für Hessen" unter den allgemeinen Kompetenzen Wahrnehmen und beschreiben sowie Deuten und verstehen: Die Lernenden können eigene Gottesvorstellungen beschreiben; Gottesvorstellungen der Bibel deutend beschreiben.
Im „Teilrahmenplan Grundschule Rheinland-Pfalz" steht zunächst die Kompetenz 1: Die Lernenden können das eigene Selbst- und Weltverständnis wahrnehmen, vielgestaltig zum Ausdruck bringen und an biblischen Texten spiegeln. Im Anhang wird unter den Teilkompetenzen ausgeführt: Das Kind kann seine eigenen Bilder und Vorstellungen von Gott wahrnehmen und anderen mitteilen. Es kennt grundlegende biblische Bilder von Gott und kann sie mit seinen eigenen Vorstellungen in Beziehung setzen.
Sowohl das Inhaltsfeld „Gott" (Hessen) als auch „Die Frage nach Gott" im Orientierungsrahmen (Rheinland-Pfalz) bieten inhaltlich Anknüpfungspunkte.

Kompetenz-Inhalts-Netz

In einem ersten Schritt wird eine Sammlung von möglichen Inhalten bzw. Stundenthemen angelegt. Darin stehen Situationen aus dem Bilderbuch, biblische Texte, Erfahrungen aus der Lebenswelt, erste Unterrichtsideen und Methoden bunt nebeneinander. Die allgemeinen Kompetenzen, die durch die Verbpaare beschrieben sind, geben das Raster vor. Sie verweisen darauf, dass sich der Kompetenzerwerb stets in verschiedenen Dimensionen vollzieht. In der Regel kommen mehrere Dimensionen in einer Unterrichtseinheit vor.

Aus diesen Überlegungen folgt hier *ein* möglicher Lernweg nach dem Lehr-Lernprozessmodell (siehe S. 7)

Lernen vorbereiten und initiieren

Lernausgangslage

Ausgehend vom Titel(bild) des Bilderbuches tragen Kinder ihre bisherigen Vorstellungen über Gott zusammen. Wie erwartet zeigt sich die gesamte Bandbreite in der Religionsgruppe. Zwei Jungen machen deutlich, dass sie gar nicht an Gottes Existenz glauben. Dagegen formulieren andere Kinder, dass Gott vielleicht Hunger hat, dass Gott sich über den Apfel freut, dass das Kind den Apfel für Gott hinlegt und er dann später weg ist. Beide Varianten, Gott habe den Apfel genommen oder ein Kaninchen ihn gefressen, stehen dabei nebeneinander.

Transparenz der Kompetenzerwartungen

Der Vorspann (siehe **M 5**) wird gemeinsam gelesen. Die Passage „…ob sie auch heute noch glaubt, dass damals der liebe Gott im Spiel war…" wird als Aufgabe für das gemeinsame Lernen fokussiert. Am Ende sollen die Schülerinnen und Schüler sich begründet positionieren können, ob das Bilderbuch eine Geschichte mit Gott beschreibt. Sie sollen dabei biblische Gottesvorstellungen und Gotteserfahrungen einbeziehen können.

Kinder fragen nach Gott

Kompetenz-Inhalts-Netz

Anforderungssituation: Wie merkt man etwas von Gott? Merkt Gott mich?
Die Lernenden können eigene Gottesvorstellungen beschreiben; Gottesvorstellungen der Bibel deutend beschreiben (**Bildungsstandards Hessen**)
Die Lernenden kennen grundlegende biblische Bilder von Gott und können sie mit eigenen Vorstellungen in Beziehung setzen (**TRP Rheinland-Pfalz**)
Anwendungssituation: Kommt Gott in der Geschichte vor? Gott ist anders als erwartet…

	Wahrnehmen + beschreiben	Fragen + begründen	Deuten + verstehen	Kommunizieren + Anteil nehmen	Ausdrücken + gestalten	Handeln + teilhaben
Titel/Titelbild: Ein Apfel für den lieben Gott	Eigene Gottesvorstellungen beschreiben Zum Bild assoziieren	Ist Gott lieb? Wie ist Gott? Kann Gott essen? Anthropomorphe und symbolische Gottesvorstellungen	Mund, Auge, Ohr, Hände, Herz/ Gedächtnis Bilder aus den Psalmen Konkret oder symbolisch?	Gesprächsanlass für Kommunikation untereinander/GA: Was Gott kann … Was Gott macht … Was Gott braucht …	Plakat gestalten mit Psalmversen zu Gottes Mund, Auge, Ohr, Hand, Herz Mit Sprechblasen eigene Gedanken ergänzen	Wir beten. Gebet als Anfangsritual/als Sprechen mit Gott einführen Kann man Gott hören?
Gretchen denkt: Ob Gott mich merkt?	Gott sieht mich/nicht. Eigene Erfahrungen formulieren; Gott greift ein; Gott macht nichts.	Wie kann Gott mich merken? Wie merke ich Gott? Straft Gott? Belohnt Gott? Ist Gott da/nicht da?	Menschen „deuten" ihre Widerfahrnisse auf Gott hin.	Entscheidungsspiel mit Aussagen über Gott. Sich positionieren, Argumente sammeln und Positionen begründen	Gebete und Gebetsrufe entwickeln und auf Gebetswürfel festhalten	Mit Gebetswürfel Anfangsritual gestalten
Das will Gretchen herausfinden!	Was kann man tun, damit andere einen sehen und beachten? Eigene Strategien wahrnehmen und beschreiben	Kann man sicher sein? Kann man Gott beweisen?	Gott merkt und spürt derjenige, der mit ihm rechnet und an ihn glaubt. Psalmdichter: Du aber hast mich errettet…	Fabulieren, Geschichte weiter entwickeln	Rollenspiele	
Gott bewahrt Gretchen	Ausgehend von Bildimpuls Ende der Geschichte antizipieren	Hat Gott Gretchen gemerkt? Merkt Gretchen Gott?	Was macht Gott? Wie greift Gott ein?	Nachdenkaufgabe: Gretchen hat herausgefunden, dass Gott …	Paradoxien entwickeln Siehe Beispiel unten	
Antwort auf Anfangsfrage: Das musst du selber herausfinden!		Kommt in der Geschichte Gott vor? Ist das Pferd Gott?	Gott ist anders als erwartet.	Wann ist Gott da? Welche Antwort gibt Gretchen? Was sagst du?	Manchmal können wir Gottes Mund, Auge, Ohr, Hände, Herz sein.	Dankgebet für Gretchen formulieren

Kognitive Aktivierung

Aufgaben und methodisches Vorgehen werden vorgestellt, die Schülerinnen und Schüler tragen mit eigenen Fragestellungen und Ideen zum weiteren Verlauf des Unterrichtsvorhabens bei.

Lernwege eröffnen und gestalten

Lernaufgaben

Die Schülerinnen und Schüler bearbeiten in vier Gruppen arbeitsteilig folgende Textabschnitte und Aufgaben:
1. Gruppe: Wann braucht man Gott? (**M 1, M 5**)
2. Gruppe: Was kann Gretchen tun, damit Gott sie bemerkt? (**M 2, M 5**)
3. Gruppe: Was könnte Gott mit Gretchen machen? (**M 3, M 5**)
4. Gruppe: Wie könnte Gott im Spiel sein? (**M 4, M 5**)

Der unterschiedliche Umfang der Lesetexte (siehe Markierungen in **M 5**) sowie die Art der Bearbeitung der einzelnen Aufgaben ermöglichen Differenzierung in der Lerngruppe.

Orientierung geben und erhalten

Lernstandsfeststellung

Die Geschichte wird Abschnitt für Abschnitt weiter vorgelesen. Die Gruppen stellen entsprechend ihre Ergebnisse vor.

Selbst- und Mitschülereinschätzung

Sie geben sich gegenseitig ein erstes Feedback. Sie vollziehen nach, warum für ihre Mitschüler/-innen in Gretchens Geschichte „Gott im Spiel" war oder nicht. Sie überprüfen die Begründungen auf ihre Plausibilität hin.

Feedback, Stärkung und Ermutigung

Mit einer Nachdenkaufgabe: „Hat Gott Gretchen gesehen und geholfen? Wenn ja, wie? Was würde Gretchen antworten? Was denkst du?" beschäftigen sich die Schüler/-innen in Einzelarbeit. Beim Vorlesen der Ergebnisse und Vergleichen der Gedanken wird das Gespräch vorsichtig moderiert, jede Position wird als Momentaufnahme ernst genommen und gewürdigt.

Kompetenzen stärken und erweitern

Differenzierte Lernangebote

In einem nächsten Unterrichtsschritt sollen die Schüler/-innen Gottes Wirken nachspüren. Die Arbeitsaufträge sind unterschiedlich, um Übung, Vertiefung, Anwendung und Transfer für alle Kinder zu gewährleisten. Nonverbale, gestalterische Arbeitsaufträge stehen neben mehr oder weniger offenen und umfangreichen Schreibaufgaben. (**M 6–9**)

Anknüpfung und Vernetzung

Die Schüler/-innen haben verschiedene Lernstationen zur Auswahl, um sich mit Gottesbildern, Gebeten und Psalmworten zu beschäftigen (**M 10–16**). Eine besondere Lernleistung besteht in der Bearbeitung von Paradoxien. In Anlehnung an Ideen von Rainer Oberthür laden sie (**M 16**) ein, sich mit dem bisher Gelernten anhand von Gottesvorstellungen neu auseinander zu setzen. Die Schüler/-innen sollen in Gottes Handeln den liebenden, schützenden und bewahrenden Gott beschreiben – im Gegensatz zu einem nach menschlichen Maßstäben handelnden, strafenden Gott.

Dokumentation der Lernwege

Die unterschiedlichen Arbeitsergebnisse werden mit den Ergebnissen des Bilderbuches auf einer Wandzeitung festgehalten. Parallel gibt es die Möglichkeit, individuell das persönliche Lernen zu reflektieren. Hilfreich ist die schriftliche Bearbeitung folgender Fragen: Ich habe neu entdeckt …; Wichtig ist für mich …; Ich frage mich, … Auch kleine Lerngespräche können mit diesen Fragen geführt werden.

Stärkung und Ermutigung

Diesmal orientiert sich das Feedback überwiegend an den Arbeitsprodukten aus der Stationenarbeit, die vorgestellt werden, und an den Paradoxien. Sie werden weniger bewertet, jedoch voller Wertschätzung wahrgenommen.

Kinder fragen nach Gott

Lernen bilanzieren und reflektieren

Leistungsfeststellung
Das Nachdenken über Gottes Dasein für uns Menschen wird mit einem abschließenden Arbeitsblatt bilanziert. Hier stehen Aufgaben, die sich auf das Bilderbuch oder auf die Psalmworte beziehen, neben z. T. sehr persönlichen Fragen (**M 18**).

Reflexion
Die Idee, mit den Arbeitsergebnissen den Schulabschlussgottesdienst zu gestalten, schließt die Auseinandersetzung mit dem Bilderbuch „Ein Apfel für den lieben Gott" ab. In der begründeten Auswahl von Lern- und Arbeitsergebnissen (**M 26–27**), die im Gottesdienst einen Platz finden sollen und den Kindern der anderen Klassen präsentiert werden, wird sichtbar, welches Lernen stattgefunden hat.

Literatur

Hermann Schulz: Ein Apfel für den lieben Gott. Mit Bildern von Dorota Wünsch. Wuppertal: Peter Hammer Verlag 2004

Rahmenplan Grundschule Rheinland-Pfalz. Teilrahmenplan Evangelische Religion. Herausgegeben vom Ministerium für Bildung, Wissenschaft, Jugend und Kultur. Mainz 2010

Hessisches Kultusministerium (Hg.): Bildungsstandards und Inhaltsfelder. Das neue Kerncurriculum für Hessen. Primarstufe. Evangelische Religion. Wiesbaden 2011

Materialübersicht

M 1   Bild und Gruppenauftrag 1
M 2   Bild und Gruppenauftrag 2
M 3   Bild und Gruppenauftrag 3
M 4   Bild und Gruppenauftrag 4
M 5   Bilderbuchtext
M 6   Du, Gott, hast mich errettet
M 7   Sich Gott vorstellen
M 8   Wie andere Menschen über Gott denken
M 9   Satzkarten
M 10 Psalmen sind Gebete
M 11 Gebetswürfel
M 12 Psalmverse – Psalmgebete
M 13 Bastelvorlage Gebetswürfel
M 14 Gottes Augen, Ohren, Herz und Hände
M 15 Verse zu Gottes Augen, Ohren, Herz und Händen
M 16 Wenn aber Gott ganz anders wäre?
M 17 Aus der Erprobung
M 18 Über Gott nachdenken

Bilder M 1–4 aus: Schulz/Wünsch, Ein Apfel für den lieben Gott. Peter Hammer Verlag Wuppertal, 2004

Bild und Gruppenauftrag 1

Wann braucht man Gott?

- Lest die Geschichte von Gretchen weiter.
- Überlegt gemeinsam: Wann braucht man Gott?
- Schreibe deine Gedanken in die Sprechblase.
  Oder:
- Schreibe Gretchens Gedanken in die Sprechblase.

Kinder fragen nach Gott

M2

Bild und Gruppenauftrag 2

Was kann Gretchen tun, damit Gott sie bemerkt?

- Lest die Geschichte von Gretchen weiter.
- Gretchen will herausfinden, ob Gott sie bestraft.
- Überlegt zusammen, was Gretchen tun könnte.
- Wie könnte die Geschichte ausgehen?
- Schreibt gemeinsam die Geschichte zu Ende.

Bild und Gruppenauftrag 3

Was könnte Gott mit Gretchen machen?

- Was würde wohl Gretchen denken?
- Was denkt ihr? Hat Gott Gretchen gesehen?
- Schreibt eine Antwort an Gretchen auf!

Kinder fragen nach Gott

M4

Bild und Gruppenauftrag 4

Wie könnte Gott im Spiel sein?

- Lest die Geschichte von Gretchen weiter.
- Überlegt gemeinsam: Was könnte jetzt passieren?
- Schreibt einen Schluss für die Geschichte!
- Hat euer Schluss etwas mit Gott zu tun?
- Wenn ja, wie könnte Gott „im Spiel sein"?

Wer ist dieser Jesus?

Kompetenz-Inhalts-Netz

Anforderungssituation: Wer ist dieser Jesus?

Geschichten der Bibel aus dem Neuen Testament als Erfahrungen von Menschen mit Gott einordnen und deuten, christliche Feste und Feiern im schulischen Leben mitgestalten, Gottesvorstellungen der Bibel deutend beschreiben **(Bildungsstandards Hessen)**

Zentrale Motive des christlichen Glaubens (wie Hoffnung, Vergebung, Neuanfang…) und exemplarische Gestalten der Christentumsgeschichte beschreiben und über deren Bedeutung Auskunft geben **(TRP Rheinland-Pfalz)**

Anwendungssituation: Von Jesus denke ich …

	Wahrnehmen + beschreiben	Fragen + begründen	Deuten + verstehen	Kommunizieren + Anteil nehmen	Ausdrücken + gestalten	Handeln + teilhaben
Arbeit mit Rembrandt-Bild oder anderen Christus-Darstellungen	Bild beschreiben; zum Bild assoziieren	Fragen an Jesus formulieren – mögliche Antworten aus der Perspektive Jesu finden	Bilder sagen mehr als Worte. Sie sind keine Fotografien! Was will der Künstler ausdrücken?	Sätze zu Jesus bedenken und begründen	Sätze zu Jesus formulieren (Sätze = Hoheitstitel)	Sich zu Sätzen/ Hoheitstiteln positionieren, auf Plausibilität bewerten
Jesus-Geschichten: Heilungs- und Begegnungsgeschichten	Jesus handelt, hilft, rettet und heilt.	Was sagen die Leute, wer ich bin?	Was denken die Menschen über Jesus? Gegner, Freunde, Geheilte?	Man kann unterschiedlich über Jesus denken – oder nicht?	Sich aus unterschiedlichen Rollen zu Jesu Taten äußern	Rollenspiele, Dialoge
Jesus handelt aus Vollmacht	Wunder in Jesusgeschichten beschreiben und benennen	Woher kommt Jesu Vollmacht? „Wie kann der das?"	Gottes Sohn: Jesus kommt von Gott.	Über die Beziehung Gott-Jesus nachdenken	Seesturm, Bartimäus u. ä. inszenieren	Sich mit den Figuren der Geschichten und ihren Erfahrungen identifizieren
Jesu Passion und Tod	Passionsgeschichten kennen	Jesus hat Feinde. Nicht alle finden Jesu Handeln gut. Warum?	Arbeit an Bibeltexten/Lesetexten	Sich zu Jesus positionieren, zu Jesu Verteidigung sprechen	Stationen stellen mit Kegelfiguren	Brot und Saft teilen – Agapefeier in der Religionsgruppe
Ostergeschichten	Die Sache Jesu geht weiter.	Warum gibt es heute noch Christen, wo doch Jesus am Kreuz gestorben ist?	Über den Tod hinaus ist Jesus bei uns.	Theologisieren zu Auferstehungs- und Erscheinungsgeschichten	Eigene Sprache für Unsagbares finden	Emmausgeschichte: Wenn wir von Jesus erzählen, miteinander teilen, uns erinnern, ist Jesus da.

Schönberger Impulse

Wer ist dieser Jesus?

doch ist die Aussage so nicht korrekt. Hier wird der Satz durch die Lehrkraft verworfen und richtig gestellt. Jesus war Jude. Das erhöht die Spannung. Bei einer Abstimmung bekommt der Satz „Jesus ist hilfsbereit und freundlich." die meisten Voten. Kann die Mehrheit darüber abstimmen, welcher Satz zutrifft? Gibt es richtig oder falsch? Welche Sätze werden sich als tragend erweisen?

Transparenz der Kompetenzerwartungen

Die Lehrkraft teilt den Schülerinnen und Schülern mit, dass sie im folgenden Unterricht herausfinden sollen, warum Jesus etwas Besonderes war, warum Jesus-Geschichten im (christlichen) Religionsunterricht so wichtig sind und warum sich Menschen bis heute auf Jesus beziehen und sich „Christen" nennen.

> !i *Diese bewusst auszuhaltende Unsicherheit sorgt für die kognitive Aktivierung.*
> *Das Fragen danach, wie wir Jesus verstehen und deuten wollen, zieht sich durch die ganze Jesus-Einheit.*

Lernwege eröffnen und gestalten

Jesus-Sätze

- Im Sitzkreis werden die Jesus-Sätze gelesen und neu ins Bewusstsein gehoben.
- Drei Jesus-Geschichten werden in Kinderbibeln oder Bibelbilderbüchern zum Lesen angeboten. Die Schülerinnen und Schüler sollen entscheiden, welcher der Jesus-Sätze besonders gut zur Geschichte passt. Zu jeder Geschichte liegt ein Plakat mit Arbeitsauftrag und Seitenangabe zum jeweiligen Text bereit, auf dem die Kleingruppe (oder die beiden Partner) ihren Satz aufschreiben und mit ihrer Unterschrift bekräftigen. Ausgewählt werden die Geschichten hinsichtlich ihres Leseumfangs und ihres Bekanntheitsgrades bei den Schüler/innen. Die Taufe Jesu wurde gebraucht, weil sich dort die Formulierung „Gottes Sohn" findet (**M 3**). Daneben waren es die Heilung der Schwiegermutter des Petrus (**M 4**) und die Zachäus-Geschichte (**M 5**).
- Mündlich stellen die Zweier- oder Dreiergruppen ihre Entscheidungen vor und versuchen erste Begründungen zu formulieren.

Die Heilung des Gelähmten

- Wieder stehen am Anfang der Stunde die Jesus-Sätze. Dann erzählt die Lehrkraft von der Heilung des Gelähmten (**M 6**). Beim Nacherzählen wird vor allem die Stelle mit der Sündenvergebung befragt und mit eigenen Worten gedeutet. Als Angebot wird in der Erzählvorlage formuliert: „Das Dunkle, Schwere muss dich nicht mehr quälen. Das Böse ist vorbei. Du darfst neu anfangen."
- Um die Kinder emotional in die Geschichte hineinzunehmen, spielen sie die Freunde nach, die den Gelähmten vorsichtig in einer Wolldecke durch den Klassenraum tragen. Ein Kind übernimmt die Rolle Jesu und spricht Mut zu.
- Alle Rollen sind vertreten: Der Gelähmte und Geheilte, die Freunde, die Zuschauer. Diese Erfahrungen nimmt ein Schreibauftrag auf, den die Kinder nun in Einzelarbeit bearbeiten: „Versetze dich in eine der Personen: Geheilter, Freund oder Schriftgelehrter. Was erzählst du zu Hause?"
- Im Schlusskreis werden die Antworten vorgestellt. Die Jesus-Sätze helfen, Sprache zu finden. Trotzdem ist die Bandbreite enorm. Allen wird deutlich, wie unterschiedlich wir, wie unterschiedlich Menschen über Jesus denken und sprechen können.

> **Aus der Erprobung**
> *Gelähmter:*
> *Jesus ist ein guter Mensch. Jesus ist heilig. Er ist sehr nett, weil er mich geheilt hat. (Mandy)*
> *Freunde:*
> *Wir sind so froh, dass du wieder laufen kannst. Jesus ist klasse. (Demy)*
> *Schriftgelehrter:*
> *Dieser Jesus, was bildet der sich ein? Einfach sagen: ... Ja, du ... bis geheilt! Fang von vorne an. Dieser Jesus! – Aber der Gelähmte ist geheilt! Also sollen wir Jesus danken. (Maurice)*
> *Also dieser unerhörte Jesus hat sich doch tatsächlich erlaubt, dass er einem Gelähmten seine Sünden vergeben hat. Aber wieso ist der Gelähmte tatsächlich aufgestanden? (Jasmin)*

Die Sturmstillung

- Die Geschichte von der Sturmstillung wird erzählt und mit Tüchern als Bodenbild inszeniert. Aus dem flachen blauen Tuch werden Wellenberge, das kleine Schiff verschwindet fast. Die Kinder begeben sich mit Hilferufen, die sie auf kleinen, wellenförmig geschnittenen Zettel aufschreiben, in die Situation hinein. Sie erfahren, wie durch Jesu Wort Stille einkehrt, und sehen am Ende wieder das glatte Tuch als ruhige Wasseroberfläche.

Wer ist dieser Jesus?

- Nach dem Erzählen wird die Geschichte von der Sturmstillung (**M 7**) von den Schüler/-innen still gelesen. Der Text soll von den Schüler/-innen weitergeschrieben werden. Der Arbeitsauftrag zu dem Lesetext lautet:
  Die Menschen staunten und fürchteten sich gleichzeitig:
  Wer ist dieser Mensch?
  Sogar Winde und Meer gehorchen ihm.
  Die Freunde von Jesus antworteten: ...
- Wieder geben die unterschiedlichen Antworten der Kinder Anlass zum Argumentieren und weiteren Nachdenken. Im Austausch darüber bereichern sie sich gegenseitig. Sie versuchen mit ihren Worten Jesu Handeln „in Vollmacht" zu umschreiben.

> **Aus der Erprobung**
> *Jesus konnte es, weil Gott ihm Kraft von ihm abgegeben hat. (Josie)*
> *Jesus tut das nicht allein. Gott hilft ihm. Immer wenn Jesus heilt, ist Gott in seinem Körper. (Tobias)*
> *Jesus hat gegen das Böse gekämpft, weil er Gottes Sohn ist. (Antanas)*

Der Einzug Jesu in Jerusalem
Ähnlich versuchen sich die Schülerinnen und Schüler in der Erzählung vom „Einzug Jesu in Jerusalem" zu positionieren als „Leute von Jerusalem". Sie schneiden Figuren aus und kleben sie mit einer beschrifteten Sprechblase versehen auf ein Plakat. (**M 8, M 9**).

Die Reinigung des Tempels
- Die Geschichte von der Tempelreinigung wird erzählt und inszeniert: Die Schülerinnen und Schüler deuten mit Bauklötzen den Tempelbezirk an. Fotos oder Zeichnungen zum Tempelmodell aus Sachbilderbüchern oder Religionsbüchern geben die nötigen Sachinformationen (z. B. Folien zu Ouikoumene 3/4. Patmos Verlag).
- Nach der Erzählung (**M 10**) übernehmen die Kinder eine Rolle (Zuschauer, Händler, Jünger Jesu) und verorten sich mit einer Kegelfigur in der aufgebauten Szene. Sie begründen, warum sie sich eher zu Jesus oder weiter von ihm entfernt positionieren.

Die Kegelfiguren, die in der Erprobung verwendet wurden, sind etwa 7 cm groß und als „Holzrohlinge" über den ALS-Verlag in Dietzenbach zu beziehen.

Passionsgeschichten
- In Gruppen lesen die Schülerinnen und Schüler die Passionsgeschichte in vier Abschnitten (**M 11**). Auch hier spielen anschließende Inszenierung und Positionierung eine wesentliche Rolle. Wieder werden Bauklötze und ca. 15 Kegelfiguren pro Gruppe benötigt.
- Arbeitsauftrag: Lest den Text! Oder: Eine/r liest den Text laut vor! Überlegt gemeinsam: Welche Personen kommen im Text vor? Unterstreicht! Erarbeitet, wie die einzelnen Personen zusammengehören! Entscheidet gemeinsam, wie ihr die Holzfiguren aufstellen wollt! Ihr müsst euch auf ein Bild einigen.

Das letzte Abendmahl

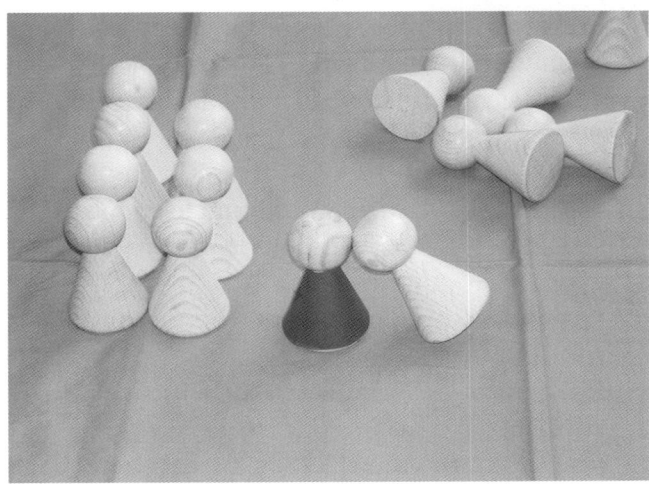

Jesus in Gethsemane

Wer ist dieser Jesus?

- Die anschließende Präsentation zeigt wieder, mit welchen Argumenten man sich Jesus gegenüber verhält.
- Zur Vertiefung dient ein Arbeitsblatt, dass die Fürsprache für Jesus schriftlich festhält (**M 12**).

> **Aus der Erprobung**
> Jesus kann euch doch auch helfen! Er hat nur die Kraft von Gott. Jesus beleidigt Gott nicht. Jesus kann sich wehren. Er soll nicht ans Kreuz. Jesus, wehre dich!
> Josie

Orientierung geben und erhalten

Lernstandsfeststellung

- Mit einer „Umfrage" (**M 13**) werden die Schülerinnen und Schüler befragt, was sie von Jesus gelernt haben, was sie von ihm denken, was sie an ihm interessiert. Für die Lehrkraft sind diese Aussagen äußerst aufschlussreich, stehen doch erworbenes Wissen den eigenen Gedanken zum Teil kontrovers gegenüber.
- Auch hier gilt es, die Mitteilungen der Kinder zu würdigen, ohne sie als falsch oder richtig einzuordnen. Sie stellen wichtige Hinweise für die Lehrkraft da: Wo liegt das Interesse der Schülerinnen und Schüler? Was haben sie verstanden? Welche Lerngelegenheiten werden gebraucht, um das Jesusbild weiter zu füllen?

> Jede Lernstandserhebung ist gleichzeitig Lernausgangslage, die den weiteren Lernprozess mitbestimmt.

- Diese Lernstandserhebung, eigentlich als „Blitzlicht" im Lernprozess gedacht, stellt eine sehr genaue und detaillierte Lernausgangslage dar, auf die sich die weitere Planung beziehen muss.

Zur Weiterarbeit bzw. zur Vertiefung eignen sich:
- Gleichnisse – wie Jesus uns Gottes neue Welt zeigt;
- Heilungsgeschichten z.B. der blinde Bartimäus (Mk 10, 46–52);
- Begegnungsgeschichten, in denen sich Neues eröffnet, z.B. Zachäus (Lk 19, 1–9);
- Auferstehungsgeschichten, z.B. das leere Grab (Mk 16, 1–8), die Emmaus-Jünger (24, 13–35),
- weitere Erscheinungsgeschichten (Der ungläubige Thomas (Joh 20, 24–29): muss und kann man den Auferstandenen berühren? – Jesus am See Tiberias (Joh 21, 1–14): wie ist das mit dem Essen? – der Auferstandene als „Geist"?)

Kompetenzen stärken und erweitern

Anknüpfung und Vernetzung

- Die Frage an der Tafel „Wieso gibt es heute noch Christen, wo doch Jesus am Kreuz gestorben ist?" initiiert eine anregende Diskussion.
- Hier erweist sich auf besondere Weise, wie die Kinder ihr bisheriges Wissen in ihr Denken einordnen können, welche Geschichten sie als Beleg für ihre Argumente anführen, wie sie Jesus in Beziehung zu Gott beschreiben und ihn mehrperspektivisch betrachten können. Die ganze Bandbreite ist vorhanden. Da ist ein kindliches Bekenntnis zu Jesus: „Ich glaube, dass Jesus in unserem Herzen lebt. Und immer, wenn jemand gesund wird, macht das Jesus mit der Kraft von Gott." Daneben steht die Skepsis: „Ich glaube, dass Jesus gar nicht so richtig gelebt hat, dass man die Geschichten von ihm erfunden hat." – „Ich glaube, dass es Jesus nie gab."
- Spannend wird es, wenn sich der Blick auf die Auferstehungsgeschichten richtet, auf die Hoffnungsgeschichten schlechthin. Dass Menschen bis heute ihre Hoffnung auf Jesus Christus setzen, macht die Kinder nachdenklich. Es bleibt die nicht mit einfachen Worten lösbare Frage nach der Bedeutung Jesu für uns heute: Rätsel und Geheimnis Gottes lassen uns nicht los.

Lernen bilanzieren und reflektieren

Zur Überprüfung und Bilanzierung des Gelernten werden verschiedene Angebote gemacht:

In Einzelarbeit wird ein Fragebogen (**M 13**) oder die Beispielaufgabe: Wer ist dieser Jesus? (**M 14**) bearbeitet. Eine andere Beispielaufgabe sieht vor, dass aus einer Sammlung von Symbolgegenständen mindestens zwei ausgewählt werden, die in besonderem Zusammenhang mit Jesus stehen, die Wahl ist zu begründen (**M 15**).

Wer ist dieser Jesus?

Materialübersicht

- M 1 Landkarte
- M 2 Rembrandt-Bild: Jesus als junger Jude
- M 3 Die Taufe Jesu – Lesetext
- M 4 Die Heilung der Schwiegermutter des Petrus – Lesetext
- M 5 Zachäus – Lesetext
- M 6 Die Heilung des Gelähmten – Lesetext
- M 7 Die Sturmstillung – Lesetext
- M 8 Jesus reitet in Jerusalem ein – Lesetext
- M 9 Ausschneidefiguren
- M 10 Jesus reinigt den Tempel – Lesetext
- M 11 Passionsgeschichten in vier Abschnitten – Lesetext
- M 12 Zur Verteidigung Jesu – Arbeitsblatt
- M 13 Fragebogen
- M 14 Beispielaufgabe: Wer ist dieser Jesus?
- M 15 Beispielaufgabe: Symbolgegenstände

Wer ist dieser Jesus?

Landkarte

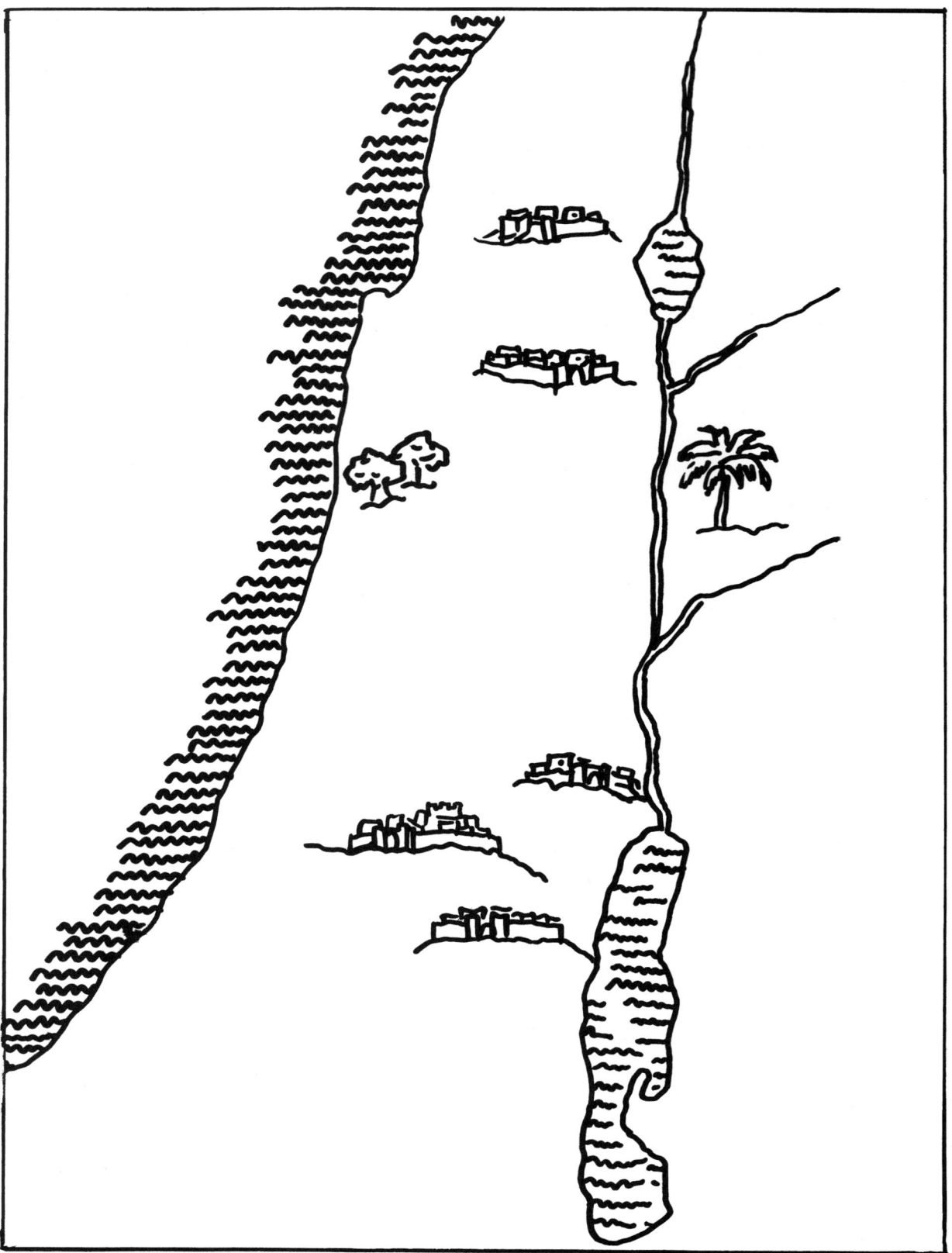

Jesus kommt zu Johannes

Johannes taufte am Jordan.
Da kam Jesus zu ihm.
Er wollte sich auch taufen lassen.

Johannes wollte das nicht tun.
Er sagte: Ich hätte es nötig,
von dir getauft zu werden.
Warum kommst du zu mir?

Jesus antwortete:
Wir müssen tun, was Gott fordert!
Darum taufe mich.
Da taufte Johannes ihn.

Als Jesus aus dem Wasser stieg,
öffnete sich der Himmel.
Gottes Geist kam auf ihn herab,
wie eine Taube herabkommt.

Eine Stimme sprach:
Dies ist mein lieber Sohn,
ihn habe ich erwählt!

Aus: Elementarbibel, S. 399–400. Von Anneliese Pokrandt. Illustriert von Reinhard Herrmann. Lahr: 1. Auflage der überarbeiteten Gesamtausgabe. – Verlag Ernst Kaufmann, 1998

Jesus heilt

Jesus verlässt die Synagoge
und kommt in Simons Haus.
Andreas und Jakobus und Johannes
sind auch dabei.

Simons Schwiegermutter ist krank.
Sie hat hohes Fieber.
Sie bitten Jesus, ihr zu helfen.

Jesus geht zu ihr an ihr Lager.
Er nimmt ihre Hand und richtet sie auf.

Das Fieber verlässt sie.
Sie steht auf und dient ihnen.

Nach Markus 1, 29–31

Jesus besucht Zachäus

Jesus kam nach Jericho.
Da war ein Mann, der hieß Zachäus.
Zachäus war ein Oberzöllner und war reich.

Er wollte Jesus sehen.
Aber er war klein
und viele andere Leute standen vor ihm.
Da rannte er voraus
und kletterte auf einen Maulbeerbaum
an der Straße.

Jesus kam dort vorbei und sah hinauf.
Er sagte zu ihm:
Zachäus, komm schnell herunter!
Ich will dich heute besuchen.

Zachäus stieg eilig hinunter.
Mit großer Freude nahm er Jesus bei sich auf.
Die anderen Leute aber schimpften:
Dieser Jesus geht ja zu einem Betrüger!

Zachäus aber trat zu Jesus und sagte:
Herr, die Hälfte von allem, was mir gehört,
will ich den Armen geben.
Und wenn ich jemand zu viel Geld abgenommen habe,
dann will ihm viermal so viel wiedergeben.

Da sagte Jesus zu Zachäus:
Heute ist Gottes Heil bei dir erschienen,
Gott hat auch dich lieb.
Dazu bin ich gekommen:
die verloren sind, zu suchen und zu retten.

Aus: Elementarbibel, S. 432. Von Anneliese Pokrandt. Illustriert von Reinhard Herrmann.
Lahr: 1. Auflage der überarbeiteten Gesamtausgabe. – Verlag Ernst Kaufmann, 1998

Wer ist dieser Jesus?

Die Heilung des Gelähmten

In Kapernaum wohnt ein Mann. Er ist gelähmt. Er liegt Tag für Tag auf seinem Bett. Er kann nicht aufstehen. Er kann nicht auf seinen eigenen Beinen stehen. Er kann fast nichts alleine. Er braucht viel Hilfe.

Gut, dass er Freunde hat. Seine Freunde besuchen ihn. Sie unterstützen ihn. Sie unterhalten ihn mit Geschichten. Sie erzählen ihm Neuigkeiten.

Heute kommen gleich alle vier zu ihm. Jesus ist da. Jesus ist in der Stadt. Den musst du hören. Dem musst du begegnen. Wir bringen dich hin.

Sie nehmen ein Trage. Sie legen den Gelähmten darauf. Zu viert tragen sie so ihren Freund zu dem Haus, in dem Jesus ist. Doch das ganze Haus ist voll von Menschen. Sogar auf der Straße stehen die Leute. Alle wollen Jesus sehen. Sie wollen ihm zuhören. Es herrscht richtiges Gedränge.

Da kommen wir nicht durch! Aber jetzt aufgeben? Nein, das wollen die vier Freunde nicht. Neben dem Haus führt eine Treppe aufs Flachdach. Vorsichtig tragen die vier die Trage hoch. Oben machen sie ein Loch ins Flachdach. Sie lassen die Trag durch das Loch herunter. Jetzt ist der Gelähmte direkt bei Jesus.

Jesus sieht den Gelähmten. Er sieht die vier Freunde. Er sieht ihre Hoffnung und ihr Vertrauen. Er sieht ihren Glauben. Er schaut den Gelähmten an und sagt zu ihm:

Mein Kind, das, was dich quält, das Schwere, Dunkle ist vorbei. Das Böse ist vorbei. Du kannst neu anfangen. Deine Sünden sind dir vergeben.

Bei Jesus im Haus sind gelehrte Männer. Sie denken: Was macht Jesus da? Das darf er doch gar nicht. Sünden vergeben, das darf nur Gott! Nur Gott kann einem Menschen die Sünden vergeben.

Ob Jesus an ihren Gesichtern sieht, was die Gelehrten denken?

Wer ist dieser Jesus? **M6**

Jetzt schaut Jesus die Gelehrten an. Er sagt: Was ist leichter zu sagen? Deine Sünden sind dir vergeben. Du kannst wieder neu anfangen. Oder zu sagen: Steh auf, nimm dein Bettzeug und geh! Ihr sollt wissen: Gott gibt mir die Kraft dazu. Ja, Gott gibt mir auch die Kraft, dem Gelähmten zu helfen.

Und zu dem Gelähmten sagt Jesus: Steh auf, nimm dein Bett und geh heim!

Und da: Der Gelähmte steht auf. Er nimmt seine Decken unter den Arm. Er kann gehen. Und er geht. Er geht nach Hause.

Wie er wohl nach Hause geht? Und seine Freunde? Ob sie ihm nachgelaufen kommen? Und die Leute, die dabei waren? Und die Gelehrten? Was sie wohl über Jesus denken?

Nach Mk 2, 1–12

Nachdenkaufgabe:

Versetze dich in eine der Personen:
Geheilter, Freund oder Schriftgelehrter.
Was erzählst du zu Hause?
Schreibe auf!

Die Stillung des Seesturms

Am Abend sagte Jesus zu seinen Freunden:
Lasst uns an das an das andere Seeufer fahren.
Und sie verließen die vielen Menschen
und nahmen Jesus, wie er war, im Fischerboot mit.
Auch andere Fischerboote waren bei ihnen.

Da erhob sich ein großer Sturm.
Die Wellen schlugen ins Schiff,
sodass sich das Schiff schon füllte.
Jesus aber schlief im hinteren Teil des Schiffes
auf einem Kissen.

Da weckten ihn die Jünger und riefen:
Meister, kümmert es dich nicht,
dass wir untergehen?

Nachdem Jesus erwacht war,
bedrohte er den Wind und sprach zum See:
Schweig! Verstumme!
Da legte sich der Wind.
Es trat eine gewaltige Stille ein.

Jesus sagte zu seinen Freunden:
Warum habt ihr Angst?
Habt ihr noch keinen Glauben?
Ich bin doch da! Bei euch!
Die Menschen staunten und fürchteten sich gleichzeitig:
Wer ist dieser Mensch?
Sogar Winde und Meer gehorchen ihm.

Nach Mk 4, 35–41

Die Freunde von Jesus antworteten: …

Wer ist dieser Jesus?

M8

Jesus reitet in Jerusalem ein

Sie kamen in die Nähe von Jerusalem.
In Betfage am Ölberg
schickte Jesus zwei Jünger voraus.
Er sagte: Geht in das Dorf, das vor euch liegt.
Dort findet ihr eine Eselin mit ihrem Füllen.
Macht sie los und bringt sie mir.
Wenn euch jemand fragt, dann antwortet:
Der Herr braucht sie.
Er wird sie gleich wieder zurückschicken.

So sollte in Erfüllung gehen,
was wir beim Propheten Sacharja lesen:
    Freue dich Jerusalem:
    Dein König kommt zu dir,
    er kommt auf einem Esel geritten.

Die Jünger gingen hin und taten alles,
wie Jesus es verlangt hatte.
Sie brachten die Tiere mit
und legten ihre Mäntel darauf.

Viele Leute breiteten ihre Kleider
wie einen Teppich vor ihn hin.
Andere holten Palmzweige
und streuten sie ihm auf den Weg.
    Alle riefen laut und sangen:
    Hosianna dem Sohne Davids!
    Segen sei mit dir!
    Du kommst im Namen Gottes!
    Gelobt sei Gott in der Höhe!
    So ritt Jesus in Jerusalem ein.

Die Menschen aus der Stadt
liefen aufgeregt zusammen.
Sie fragten: Wer ist denn das?

Aus: Elementarbibel. A. a. O. S. 450–451.

Schönberger Impulse

Wer ist dieser Jesus? — M9

Ausschneidefiguren

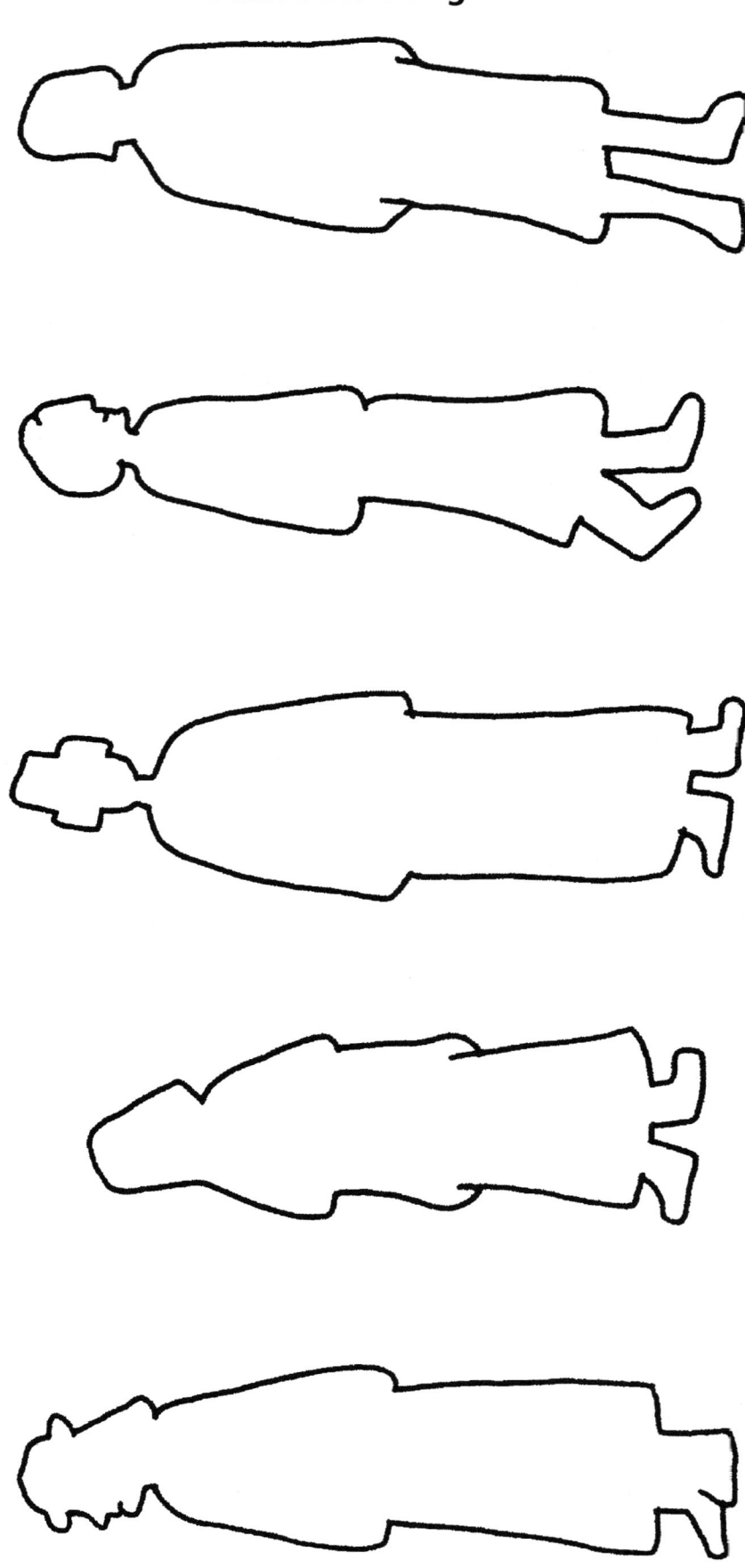

Jesus vertreibt die Händler aus dem Tempel

Jesus ging in den Tempel.

Dort waren viele Händler.

Die Leute kauften Tauben bei ihnen,

die sie brauchten, wenn sie opferten.

Auch Geldwechsler gab es im Tempel

Jesus trieb alle Händler und Käufer

aus dem Tempel hinaus.

Den Wechslern stieß er die Tische um

und den Taubenhändlern die Stände.

Er sagte:

In der Schrift steht:

Der Tempel ist Gottes Haus,

dort sollt ihr beten.

Ihr aber macht eine Räuberhöhle daraus.

Aus: Elementarbibel. A. a. O. S. 452

Passionsgeschichte in vier Abschnitten

Das Abendmahl

Jesus ist mit seinen Jüngern in Jerusalem. Hier findet in diesen Tagen ein großes Fest statt: Das Passafest. Alle Menschen in Jerusalem feiern dieses Fest, auch Jesus und seine Freunde, die Jünger.

Es ist Abend. Jesus sitzt gemeinsam mit seinen Freunden um einen großen Tisch. Auf dem Tisch stehen Lammfleisch und bittere Kräuter, ein Korb mit ungesäuertem Brot und ein Krug Wein.

Doch bei diesem Passafest ist alles anders. Denn auf einmal sagt Jesus zu seinen Jüngern: „Dies ist unser letztes gemeinsames Essen, denn ich werde bald nicht mehr unter euch sein. Meine Feinde werden bald kommen, um mich zu verhaften und zu töten. Und einer von euch wird mich verraten."

Die Jünger schauen sich entsetzt an und rufen wild durcheinander: „Das kann nicht sein!" – „Wir verraten dich nicht, Jesus!" – „Bin ich es, der dich verrät?"

Auch Judas fragt Jesus: „Jesus, bin ich der, der dich verrät?"
Jesus antwortet: „Ja."

Und dann nimmt Jesus das Brot, spricht das Dankgebet, bricht es und sagt zu seinen Jüngern: „Nehmt und esst das Brot, es ist mein Leib." Danach nimmt er den Krug mit Wein in die Hand und spricht: „Nehmt und trinkt den Wein, das ist mein Blut."

Schweigend nehmen die Jünger das Brot aus Jesu Hand und essen es. Und schweigend trinken sie den Wein aus ihren Bechern.

Jesus in Gethsemane

Es ist Nacht. Jesus und seine Freunde, die Jünger, beenden ihr letztes gemeinsames Essen, das Passa-Mahl. Danach macht sich Jesus mit den Jüngern auf den Weg zum Garten Gethsemane. Der Garten Gethsemane liegt am Ölberg in Jerusalem.

Am Eingang des Gartens angekommen bittet Jesus die Jünger: „Bleibt hier und haltet Wache für mich! Ich will in den Garten hineingehen und beten." Die Jünger bleiben am Eingang des Gartens zurück.

Jesus geht in den Garten. Er ist allein. Er betet. Während Jesus allein im Garten betet, schlafen die Jünger ein anstatt Wache zu halten.

Noch in dieser Nacht verrät Judas den Feinden, wo sie Jesus finden können. Daher kommen die Feinde von Jesus zum Garten Gethsemane und verhaften ihn dort. Die Jünger erschrecken und fliehen ängstlich.

Jesus wird verurteilt

Jesus ist gefangen genommen. Die Feinde, die Schriftgelehrten und Hohepriester, bringen ihn vor Pontius Pilatus. Pontius Pilatus ist in dieser Zeit der römische Statthalter und der oberste Richter im Land.

Jesus steht allein vor Pilatus. Seine Feinde beschuldigen ihn und klagen ihn an. Er soll sterben. Ganz allein steht Jesus da. Er schweigt. Er verteidigt sich nicht.

Pontius Pilatus erkennt, dass die Feinde von Jesus ihn beschuldigen, um ihn aus dem Weg zu räumen. Deshalb stellt er die Menschen von Jerusalem vor die Wahl. Sie sollen entscheiden: Entweder kommt Jesus wieder frei oder Barabbas, ein Mörder, wird freigelassen.

Jesu Feinde aber wiegeln die Menschenmenge gegen Jesus auf. Die Menschen stimmen für Barabbas. Und Jesus wird für das, was er gesagt und getan hat, zum Tod verurteilt. Er soll gekreuzigt werden.

Jesus wird gekreuzigt

Jesus wird vor den Stadttoren auf dem Hügel Golgatha gekreuzigt. Mit ihm werden noch zwei Verbrecher ans Kreuz genagelt.

Die Feinde von Jesus stehen am Kreuz und verspotten ihn, während er stirbt.

In der Nähe des Kreuzes stehen aber auch einige Frauen. Sie gehören zu den Menschen, die oft mit Jesus zusammen waren und mit ihm durchs Land gezogen sind. Sie warten ab, was mit Jesus Leichnam geschieht.

Wer ist dieser Jesus?

M12

Zur Verteidigung Jesu

Die Feinde von Jesus schreien: Er ist ein Unruhestifter. Er ist verrückt. Er beleidigt Gott. Er achtet den Tempel nicht!
Was sagst du zu Jesu Verteidigung? Schreibe deine Gedanken auf!

_____

_____

_____

_____

Schönberger Impulse

Wer ist dieser Jesus? **M13**

Fragebogen **Name:** _____

Im Religionsunterricht habe ich bisher über Jesus gelernt:

_____

_____

_____

Für mich ist Jesus einer, der

_____

_____

Ich glaube, dass

_____

_____

Mich würde brennend interessieren:

_____

_____

Ich denke von Jesus, dass

_____

_____

Jesus – wer ist dieser?

Egon Stückle: Barmherziger Samariter, Bronze 1979; Foto: Fischer

Wer ist dieser Jesus? **M14**

Name: _____

Betrachte das Foto von dem Standbild! Beschreibe, was du darauf siehst!

_____
_____
_____

Bestimmt fällt dir dazu eine Geschichte von Jesus ein. Erzähle!

_____
_____
_____

Warum steht das Standbild vor einem Krankenhaus? Begründe!

_____
_____

Wenn die Figuren zu den Vorbeilaufenden sprechen könnten: Was würden sie den Menschen sagen?

_____
_____

Was denkst du von Jesus?

_____
_____

Wer ist dieser Jesus?

M 15

Beispielaufgabe zu Symbolgegenständen

Wähle aus der Kiste zwei Gegenstände aus und begründe, was diese mit Jesus zu tun haben! Du kannst auch mehr aussuchen!

Abb.: Beispiele aus der „Kiste"

Benötigt werden z. B. ein Kreuz, eine (Kinder)Bibel, ein Kelch, Brot, eine Dornenkrone, eine Kerze, ein Herz, ein Schiff, Krippenfiguren und Hirten, ein Schaf, Betende Hände, ein roter Faden u. ä.

Schönberger Impulse

Übergänge reflektieren und gestalten
3. – 4. Schuljahr

Am Lebensweg Jakobs Anteil nehmen und Bezüge zum eigenen Leben herstellen (Gen 25–33)

Von der Anforderungssituation her denken

Die letzten Wochen in der 4. Klasse sind von dem bevorstehenden Übergang in die weiterführende Schule geprägt. Auch im Religionsunterricht sprechen die Kinder darüber, an welchen Schulen die einzelnen angenommen worden sind, wie die schulischen Wege weitergehen werden. Manchmal wird ein unterschwelliger Konflikt spürbar: „Ja, du mit deinem Abitur. Dir stehen alle Wege offen." Oder die Emotionen nehmen überhand: „Ich glaube, ich weine nur am letzten Schultag. Ich sehe Frau D. nie mehr."

Welche Kompetenzen brauchen die Schülerinnen und Schüler, damit sie den Übergang gut schaffen und bewältigen lernen? Was kann ihnen helfen, mit ihren Erwartungen, aber auch mit Enttäuschungen und Niederlagen gut umzugehen? Was kann der Religionsunterricht dazu beitragen? Was kann er den Kindern mitgeben, das sich – hoffentlich – als tragfähig erweist?

Kompetenzen und Bildungsstandards

Im Kerncurriculum Hessen finden sich die Anknüpfungsmöglichkeiten vor allem im Kompetenzbereich Fragen und begründen: „... nach Grunderfahrungen menschlichen Lebens fragen und Zusammenhänge zum eigenen Leben herstellen" und im Kompetenzbereich Deuten und verstehen: „Geschichten aus Altem und Neuem Testament als Erfahrungen von Menschen mit Gott einordnen und deuten". Der rheinland-pfälzische Teilrahmenplan Evangelische Religion formuliert in Kompetenz 1: „Das eigene Selbst- und Weltverständnis wahrnehmen, vielgestaltig zum Ausdruck bringen und an biblischen Texten spiegeln."

Zunächst stehen die Schüler/innen mit ihrer Lebenswirklichkeit im Mittelpunkt. Was wird sie erwarten? Was befürchten sie? Wie drücken sie – jetzt als Viertklässler – differenziert ihre Gefühle aus? Und: In welchen biblischen Geschichten spiegelt sich etwas von diesen menschlichen Wünschen nach einem guten, erfolgreichen Leben, den Wünschen nach Erfolg, Reichtum, Glück? Gibt es Figuren, an denen man etwas vom Umgang mit Misserfolg und Scheitern lernen kann? Welche Identifikation bieten diese? Kennen die Schülerinnen und Schüler bereits solche Geschichten? Worauf kann man zurückgreifen? Wie kann man eine vielleicht schon bekannte Geschichte unter dem Fokus: „Was trägt mich angesichts des Übergangs und den Herausforderungen in der neuen Schule?" neu und anders entfalten und vertiefen?

Im vorliegenden Beispiel wird die Jakobsgeschichte (Gen 25–33 in Auswahl) gewählt. Hier ist ein Mensch, der viel will, viel wagt, mit allen Tricks arbeitet und immer wieder an Grenzen geführt wird. Er kennt auch die Verliererseite und muss viel einstecken. Trotz seiner List und Betrügereien erfährt sich Jakob als von Gott begleitet und gesegnet. Von daher wird die Geschichte befragt.

Der Segen wird zum Leitmotiv durch die Erzählung. Der Segen begegnet zunächst in Jakobs Traum von der Himmelsleiter, Gott verspricht, mit Jakob mitzugehen (Gen 28, 15). Ein anderer Aspekt eröffnet sich im Ringen um Gottes Segen (Gen 32, 26). Den Zuspruch sollen die Kinder deuten und gestalten. Psalmverse können Gottes Versprechen aus Gen ergänzen. Die Lernerträge und Produkte sollen in die gemeinsame Planung und Durchführung eines Gottesdienstes zum Schuljahresende eingehen.

Kompetenz-Inhalts-Netz

Im Kompetenz-Inhalts-Netz werden mögliche Inhalte und Methoden den einzelnen Kompetenzbereichen zugeordnet. Dabei kommen weitere Kompetenzbereiche in den Blick, gekennzeichnet durch die Verbpaare. So kann sich ein vielgestaltiges Projekt entwickeln, das die Arbeit an weiteren Kompetenzen mit einbezieht. Welchen Weg der konkrete Unterricht nimmt, wird sich von Lerngruppe zu Lerngruppe unterscheiden.

Aus diesen Überlegungen folgt hier *ein* möglicher Lernweg nach dem Lehr-Lernprozessmodell (siehe S. 7)

Lernen vorbereiten und initiieren

Lernausgangslage
- Der Einstieg erfolgt mit einer konstruierten Anforderungssituation: Wie die Schüler/innen der Religionsgruppe gehen auch Inga und Leon, zwei Beispielfiguren, nach den Sommerferien in eine neue Schule. Sie machen sich Gedanken darüber, was sie wohl erwartet.
- Die folgenden Überschriften laden zu Assoziationen ein: Worauf sich Leon und Inga freuen – worüber sie sich Sorgen machen. In einer Murmelphase/Partnerarbeit werden Erwartungen, Wünsche, Hoffnungen, aber auch Befürchtungen, Ängste und Sorgen angesichts des bevorstehenden Übergangs gesammelt. In Stichworten notieren die Schüler/innen ihre Gedanken in blaue und rote Denkblasen, die um die Namen der fiktiven Schülerfiguren an der Tafel angeordnet werden.
- Im nächsten Schritt überlegen die Schüler/innen: Was kann Inga und Leon Mut machen? Überlegt zu zweit!
- Die „Ermutigungen" werden an der Tafel oder auf Satzkarten protokolliert. Erweitert wird das Spektrum mit der Frage: Gibt es etwas aus dem Religionsunterricht, das Mut machen kann? Was könnten Inga und Leon davon als „Schatz" oder „Versprechen" oder „Mutmach-Botschaft" mitgeben? Auf welche Geschichten, Texte, Bibelverse, Gebete … können die Schüler/innen zurückgreifen? Was können sie nehmen?

Transparenz der Kompetenzerwartungen
Die Lernenden können eigene Wünsche und Erwartungen, aber auch Erfahrungen im Umgang mit Enttäuschungen und Widrigkeiten benennen und reflektieren. Sie können ihre Erlebnisse in der Jakob-Geschichte spiegeln. Sie können anhand des Erzählzyklus Segen als Zuspruch Gottes deuten. Sie können anhand der Jakob-Geschichte entdecken, dass Gott sein Versprechen hält, und das Versprechen auf ihr Leben beziehen.

Kognitive Aktivierung
In Auseinandersetzung mit der Jakob-Geschichte entwickeln die Schülerinnen und Schüler persönliche Zugänge zu ihren eigenen Erfahrungen und den Grunderfahrungen des biblischen Textes. Sie wählen aus ihren Lernprodukten geeignete Elemente für den Schulabschlussgottesdienst aus und können ihre Wahl begründen. Sie nehmen aktiv und mitgestaltend am Schulabschlussgottesdienst teil.

Lernwege eröffnen und gestalten

Lernaufgaben
- Die Jakobsgeschichte wird als fortlaufender Text in Form eines Heftchens („Ganzschrift") präsentiert (**M 1**). Zu den einzelnen Abschnitten, die gelesen oder erzählt werden, gibt es ein differenziertes Angebot von schriftlichen Nachdenk- oder kreativen Gestaltungsaufgaben, deren Ergebnisse auf den noch leeren Seiten festgehalten werden (**M 2**). So füllt sich nach und nach das Heft und erhält einen individuellen Charakter. Vorwissen und Erfahrungen der Schüler/innen werden in unterschiedlichen Lernsituationen mit dem biblischen Text in Beziehung gebracht.

  > *Aus der Erprobung*
  > Wenn ich Erster bin, dann arbeitet Esau für mich. (Kevin)
  > Wenn ich Erster bin, mache ich alles gerechter. Ich müsste Esau nicht mehr bedienen und könnte bestimmen. (Valerie)
  > Wenn ich Erster bin, dann kriege ich die Zelte. Dann krieg ich die große Herde und lass Esau für mich arbeiten. (Gabriel)
  > Wenn ich Erster bin, werde ich alle Macht bekommen. Ich bekomme alle Tiere und die Liebe von Papa. (Nils)

- Ein wesentlicher Aspekt liegt darin, Jakobs Wünsche zu benennen und nachzuvollziehen: „Erster" sein wollen; einen guten Beruf finden, glücklich sein wollen und reich werden. Hier wird die enge Anbindung an die Lebensentwürfe der Schüler/innen in der Religionsgruppe zu suchen sein.
- Das Lied „Jakobs Weg war sonderbar" wird begleitend zur Einheit eingeübt und gesungen (**M 3**).
- Der Segen Gottes zieht sich wie ein roter Faden durch die Jakob-Geschichte. Der Segen des Isaak wird hier gedeutet als „Leben spendende Kraft". Der Segen wird stellvertretend für Gott gegeben.

Übergänge reflektieren und gestalten

Kompetenz-Inhalts-Netz

Anforderungssituation: Wie kann ich meinen Weg gehen – voll Zutrauen und Hoffnung, auch wenn es Enttäuschungen gibt? ... nach Grunderfahrungen menschlichen Lebens fragen und Zusammenhänge zum eigenen Leben herstellen; Geschichten aus Altem und Neuem Testament als Erfahrungen von Menschen mit Gott einordnen und deuten **(Bildungsstandards Hessen)**
Das eigene Selbst- und Weltverständnis wahrnehmen, vielgestaltig zum Ausdruck bringen und an biblischen Texten spiegeln. **(TRP Rhl-Pf)**
Anwendungssituation: Segen als Versprechen Gottes erleben und erfahren, der mich auf meinem Weg begleitet

	Wahrnehmen + beschreiben	Fragen + begründen	Deuten + verstehen	Kommunizieren + Anteil nehmen	Ausdrücken + gestalten	Handeln + teilhaben
Die neue Schule	Erwartungen, Sorgen, Hoffnungen und Wünsche am Bsp. von Inga und Leon und an der eigenen Situation entlang formulieren	Was hilft mir? Worauf kann ich mich verlassen?	Gibt es etwas aus dem RU als „Schatz", was hilft und tröstet?	Gesprächsanlass für Kommunikation untereinander / PA: Was sich Inga und Leon wünschen; was wir uns wünschen;	Plakat, Baum o. ä. gestalten mit Wünschen ...	
Jakob-Geschichte	Jakob will Erster sein, glücklich werden, reich sein, sich wieder vertragen ...	Was gelingt? Was gelingt nicht? Warum?	Manchmal geht es uns wie Jakob ...	Arbeit am Jakob-Heftchen. Einzelreflexionen werden zum Kommunikationsanlass	Lied: Jakobs Weg war sonderbar	
Segen	Segen, gesegnet sein – wo gibt es das heute?	Segen als Weitergabe der Erbfolge in der Nomadensippe	Segen als Lebenskraft, als Zuspruch und Versprechen, als Mutmach-Satz im biblischen Kontext	Legebilder kommentieren, deuten und begründen	Traum von der Himmelsleiter visualisieren mit Legematerial	Segen und Zuspruch in Segensritual gegenseitig weitergeben – Hand salben
Psalmworte als Versprechen Gottes	Psalmverse sichten, kennenlernen, Situationen zuordnen	Persönliche Auswahl begründen	In Psalmversen eigene Situation des Übergangs entdecken und beschreiben	Sich gegenseitig Psalmverse vorstellen und Mutmachendes formulieren	Karten gestalten, Segensrosette beschriften	
Abschlussgottesdienst	Elemente eines Gottesdienstes kennenlernen	Inhalte mit liturgischen Teilen begründet verknüpfen	Jakob-Geschichte auf die eigene Situation beziehen	Gemeinsam Auswahl treffen und individuelle Anteile begründen	Texte, Gebete, Lieder für Gottesdienst (szenisch) gestalten	Gottesdienst gemeinsam feiern

Somit weist der Segen als „guter Wunsch" weit über menschliche Dimensionen hinaus. Dies wird zunächst deutlich in der Klärung des Segensspruchs, der Isaak in Gen 27, 28ff in den Mund gelegt wird. Das eigene Erproben einer Segensgeste, z. B. den Handrücken eines Partners salben und einen Segensvers oder guten Wunsch dazu sprechen, hilft, die Unverfügbarkeit des Segens wahrzunehmen. Dass der Segen Isaaks hier das Erbe in der Nomadensippe ordnet, muss als Sachinformation eingebracht werden. (**M 6, M 7**)

- Der Traum von der Himmelsleiter wird mit Legematerial von den Schülerinnen und Schülern gestaltet. Ein möglicher Impuls: Zeige mit dem Material, wie Gott bei Jakob sein will!
- Die Erfahrung, dass nicht alles gelingt, wird durch Jakobs Listen und Betrügereien immer wieder im Gespräch gehalten. Jakob kann den Konsequenzen nicht ausweichen, er muss sie aushalten und aus seiner Heimat fliehen und bei seinen Verwandten viele Jahre mitarbeiten. Der erlistete Segen des Isaak führt zum Verlust des Erbes. Die unverdient zugesprochene Verheißung Gottes im Traum von der Himmelsleiter jedoch geht mit: „Ich bin mit dir und will dich behüten." Vielfältige Gestaltungsaufgaben sollen helfen, daraus einen möglichen „Schatz" oder eine „Mutmach-Botschaft" für die Schüler/innen zu gewinnen. (**M 8, M 9**).
- Der Gedanke des Ringens mit sich selbst, die Aussöhnung mit dem eigenen Schatten, wie die tiefenpsychologische Auslegung Jakobs Kampf am Jabbok Gen 32,22ff deutet, hebt die Geschichte in die Erwachsenenebene. Doch finden Schüler/innen auch hier Bezüge zu ihren Erfahrungen in Familie und Umfeld. Mit der Arbeit am Bild von Sieger Köder wird das Nach-denken und Nach-vollziehen vorbereitet (**M 10, M 11**).
- Mit der Inszenierung z. B. mit biblischen Figuren werden gängige Entschuldigungsformeln angeboten. Diese scheinbar leichte Aufgabe kann jedoch je nach Klassensituation schwelende Konflikte offenlegen: Sich wieder zu versöhnen ist gar nicht so einfach. Diese Erfahrung können Schüler/innen sicher aus eigener Anschauung einbringen. (**M 12**)
- Die unterschiedlichen Materialien (siehe auch **M 4, M 5**) bieten Anregungen für heterogene Lerngruppen und sind als Partner- oder Einzelarbeit, als Stationen oder im gebundenen Unterricht vorstellbar.

Orientierung geben und erhalten

Lerntagebuch

In den kooperativen Lernsituationen geben sich die Schüler/-innen gegenseitig Orientierung und Rückmeldung. Begleitend gibt auch die Lehrkraft Rückmeldung und Orientierung im Unterrichtsverlauf.

- Besondere Möglichkeiten bieten Lerngespräch und Lerntagebuch. Im Lerngespräch holt die Lehrkraft mündlich die aktuelle Selbsteinschätzung der Schüler/innen ein und gibt direkt Rückmeldung, lobend, ermutigend, Lernmöglichkeiten und Hilfe aufzeigend. Beim Lerntagebuch werden die Schüler/innen regelmäßig kurz vor dem Ende der Stunde angeregt, zu folgenden Fragen ihre Gedanken aufzuschreiben: Was war dir heute wichtig? Was hast du gelernt? Worüber denkst du weiter nach? Welche Frage interessiert dich brennend? Die schriftliche Eintragungen im Lerntagebuch (z.B. in einem gesonderten Oktavheft oder DIN A5 Schreibheft) werden auch schriftlich durch die wertschätzende Wahrnehmung der Lehrkraft kommentiert. Die Rückmeldung der Lehrkraft liegt auch hier vor allem in der Wertschätzung.
- Bei der Vorstellung des gestalteten Jakob-Büchlein geben die Schüler/innen Feedback: Das hat mir gefallen... Mein Tipp zum Verbessern: ...

> *Aus der Erprobung*
> *Aus dem Lerntagebuch:*
> *Ich kann mir gut behalten, dass der Segen wie ein Nebel über allem schwebt. (Gabriel)*
> *Das Schönste war, als wir uns mit Salböl den Segen gesagt haben. So einen guten Wunsch kriegt man nicht alle Tage. (Vanessa)*
> *Aus dem Lerntagebuch:*
> *Ich habe gelernt, dass in einer Nomadenfamilie der Älteste alles erbt. (Luca)*
> *Ich habe gelernt, dass Jakob Esau erpresst hat. (Johannes)*
> *Ich habe gelernt, dass Jakob zwei Frauen hatte. (Leony)*
> *Ich habe gelernt, dass Jakob auch Angst hat. Zum Beispiel heute: weil er Angst hatte, dass Esau ihn und seine Familie töten will. (Amelie)*

Übergänge reflektieren und gestalten

Kompetenzen stärken und erweitern

Anknüpfung und Vernetzung

- Anforderungssituation und Zielvorgabe (siehe oben) werden erneut aufgerufen. In Verbindung mit der Planung eines Schulabschlussgottesdienstes werden die Lernerfahrungen wiederholt und vertieft. Die Verschränkung zwischen biblischer Erzählung und Lebenskontext der Schüler/innen wird durchgehend eingefordert: Was sind Jakobs Wünsche? – Was sind deine Wünsche? / Was hat Jakob getröstet und ihn gestärkt? – Was könnte dich stärken und ermutigen? / Was bedeutet Segen und gesegnet sein? – Was bedeutet es für dich?
- Eine besondere Aufgabe stellt die Auswahl der „Lernprodukte" dar. Die Schüler/innen sollen die liturgischen Elemente gemeinsam entwickeln und gestalten und deren Einsatz begründen. Ein wesentliches Auswahlkriterium leitet sich von der Anfangssituation her: Was ist den Schüler/innen als „Mutmach-Botschaft" aus dem Religionsunterricht und der Auseinandersetzung mit der Jakobsgeschichte wichtig geworden? Was könnte als „Schatz" oder „Versprechen" mitgehen und sich als tragend erweisen?

Lernen bilanzieren und reflektieren

- Im Hinblick auf die Lernprozesse im RU: Wo war es leicht/schwierig? Was war langweilig? Wo hast du Hilfe bekommen? Wo konntest du Hilfe geben?
- Im Hinblick auf den Inhalt: Was war wichtig? Was ist ein „Schatz" geworden? Was würde dir fehlen, wenn wir das nicht gemacht hätten? In welcher Situation kannst du dich an Jakob und seine Geschichte mit seiner Familie und mit Gott erinnern? Welcher Gedanke daran tut dir besonders gut?
- Die Inszenierung eines Interviews dient der Wissenskontrolle (**M 13**).
- Beispielaufgaben und ein Fragebogen zur Selbsteinschätzung können den Lernertrag des Einzelnen festhalten (**M 17, M 18, M 19**)
- Der Gottesdienst selbst stellt ein ganz eigenes Lernergebnis dar, das besonders gewürdigt wird.

Materialübersicht

M 1 Jakobs Weg mit Gott – Textheft
M 2 Jakobs Weg mit Gott – Arbeitsaufträge
M 3 Lied: Jakobs Weg war sonderbar
M 4 Ungleiche Brüder
M 5 Erster sein wollen – Nachdenkaufgabe
M 6 Isaaks Segen
M 7 Segen – Gottes Versprechen
M 8 Traum von der Himmelsleiter. Marc Chagall
M 9 Traum von der Himmelsleiter – Bildbetrachtung
M 10 Mit jemandem ringen – mit sich selbst ringen
M 11 Jakob kämpft. Sieger Köder
M 12 Wieder gut sein wollen
M 13 Auskunft geben können
M 14 Jakobs Wünsche – meine Wünsche
M 15 Vorschlag für Gottesdienst 1
M 16 Vorschlag für Gottesdienst 2
M 17 Beispielaufgaben
M 18 Textpuzzle
M 19 Selbstevaluation

Jakobs Weg mit Gott

Zusammengestellt, gemalt und geschrieben von

Die Söhne Isaaks

Isaak und Rebekka lebten zusammen als Mann und Frau. Rebekka bekam keine Kinder. Isaak flehte zu Gott für seine Frau. Da erhörte Gott sein Gebet und Rebekka wurde schwanger.

Gott sprach zu ihr: Zwei Söhne wirst du gebären. Sie werden die Stammväter zweier Völker sein. Der Ältere wird dem Jüngeren dienen.

Als die Zeit da war, bekam Rebekka Zwillinge. Der erste hatte eine rötliche Haut und war mit Haaren bedeckt wie mit einem Mantel. Sie nannten ihn Esau. Nach ihm kam sein Bruder auf die Welt, den nannten sie Jakob.

Die Söhne wurden groß. Esau war ein Jäger und lebte draußen in Wald und Feld. Jakob aber war sanft und blieb lieber in den Zelten.

Der Vater liebte Esau mehr und aß gern von dem Wild, das Esau gejagt hatte. Die Mutter aber liebte Jakob.

Jakob antwortete: Du hast mich freundlich empfangen, darum nimm mein Geschenk an. Ich habe in dein Gesicht gesehen, wie man Gottes Angesicht ansieht. Und du warst mir gnädig. Nimm meine Gabe an. Gott hat mich reich gemacht und ich habe genug von allem. Jakob bat ihn sehr und drängte ihn. Da nahm Esau die Gabe von Jakob an.

Esau zog zurück nach Seir. Jakob wandte sich nach Norden und machte ein Lager vor der Stadt Sichem. Er kaufte Land, wo er sein Zelt aufgeschlagen hatte. Hier baute Jakob einen Altar. Er nannte diesen Altar: Gott allein ist der Herr Israels.

Und Jakob hatte 12 Söhne: Ruben und Simon, Levi und Juda, Dan, Gad, Asser, Sebulon, Isaschar und Naphtali, Josef und Benjamin.

Jakob versöhnt sich mit seinem Bruder

Jakob blickte auf und sah: Esau kam mit vierhundert Mann. Da verteilte Jakob seine Kinder und gab sie zu Lea, zu Rahel und zu den beiden Mägden.

Jakob ging vor allen her. Er beugte sich siebenmal zur Erde, bis er zu seinem Bruder kam. Esau aber lief ihm entgegen. Er umarmte ihn, fiel ihm um den Hals und küsste ihn. Jakob und Esau weinten.

Da sah Esau auf und blickte auf die Frauen und Kinder. Er fragte: Wer ist da bei dir? Jakob antwortete: Das sind meine Frauen und Kinder, die Gott mir geschenkt hat. Alle Frauen und Kinder traten zu Esau und verbeugten sich vor ihm.

Esau fragte Jakob: Was hast du vor mit den Herden, die mir begegnet sind? Jakob sagte: Das soll ein Geschenk für dich sein, damit du mir wieder gut bist.

Esau sprach: Ich bin selber reich, behalte nur, mein Bruder, was dir gehört!

Esau verkauft sein Recht

Als Esau einmal von der Jagd heimkam, hatte Jakob etwas gekocht. Esau war todmüde und matt vor Hunger. Er sprach zu Jakob: Gib mir zu essen, ich bin am Ende meiner Kraft.

Jakob sprach: Du bist zuerst geboren, lass mich zuerst geboren sein. Schwöre mir und sage: Du sollst zuerst geboren sein! Dann gebe ich dir zu essen.

Esau sagte: Ich sterbe fast vor Hunger. Was nützt es mir, dass ich der Ältere bin? Und er schwur: Du sollst das Recht des Älteren haben.

Danach gab Jakob dem Esau Brot und von dem Linsengericht. Esau aß und trank. Dann ging er fort.

So gering achtete Esau sein Erstgeburtsrecht.

Jakob nannte den Ort „Penuel", das heißt: Gottes Angesicht. Er sagte: Ich habe Gott mit eigenen Augen geschaut. Mein Leben ist dabei nicht vernichtet worden, sondern gerettet. Die Sonne ging auf. Jakob aber hinkte an seiner Hüfte.

Jakob kämpft mit dem Engel Gottes

In dieser Nacht stand Jakob auf. Er führte seine Frauen und Kinder und alles, was zu ihm gehörte, durch den Fluss Jabbok.

Jakob blieb allein. Da machte ein Mann einen Ringkampf mit ihm, bis der Morgen dämmerte. Der Mann merkte, dass er Jakob nicht besiegen konnte. Da rührte er an seine Hüfte. Jakobs Hüftgelenk verrenkte sich. Der Mann sprach: Lass mich los, die Morgenröte kommt schon herauf. Jakob aber antwortete: Ich lasse dich nicht los, bevor du mich nicht gesegnet hast.

Da fragte er: Wie heißt du? Er antwortete: Jakob! Der Mann sprach zu ihm: Dein Name soll nicht mehr Jakob, der Lügner sein, sondern Israel. Das heißt: Kämpfer für Gott!

Jakob fragte ihn: Wer bist du, wie ist dein Name? Er aber antwortete: Warum fragst du nach meinem Namen? Und er segnete Jakob an diesem Ort.

Jakob erhält den Segen

Isaak war ein alter Mann und seine Augen waren blind geworden. Da rief er seinen älteren Sohn Esau zu sich und sprach: Ich bin alt und weiß nicht, wann ich sterben werde. Gehe auf die Jagd und jage ein Stück Wild. Bereite mir davon eine Mahlzeit, wie ich sie gerne esse. Dann will ich dich vor Gott segnen, ehe ich sterbe.

Die Mutter Rebekka hatte gehört, was Isaak zu Esau sprach. Da sagte sie zu Jakob: Gehe zur Herde und suche zwei kleine Ziegenböcke aus. Ich will ein Mahl bereiten, wie es dein Vater gern isst. Du bringst ihm das Essen, danach wird er dich segnen vor seinem Tod.

Jakob sprach zu seiner Mutter: Mein Bruder Esau ist rau und behaart, ich aber habe eine glatte Haut. Vielleicht will mein Vater mich anrühren und fühlen, ob ich Esau bin. Dann merkt er, dass ich ihn betrüge. Er wird mir seinen Fluch, aber keinen Segen geben.

Seine Mutter antwortete ihm: Der Fluch soll mich treffen. Gehe du jetzt und tue, wie ich es dir gesagt habe. Da ging Jakob hin, holte zwei kleine Ziegenböcke und brachte sie seiner Mutter Rebekka. Rebekka bereitete daraus ein Mahl, wie es der Vater gern aß. Dann nahm sie Esaus gute Kleider und zog sie Jakob an. Sie nahm die Felle der Ziegenböcke und bedeckte damit Jakobs glatte Arme und seinen Nacken. Dann gab sie Jakob das Mahl für Isaak.

Jakob trug das Essen zu seinem Vater hinein und sprach: Mein Vater! – Isaak antwortete: Hier bin ich! Wer bist du, mein Sohn? – Jakob sprach zu seinem Vater: Ich bin Esau, dein ältester Sohn! Ich habe getan, wie du es gesagt hast. Hier ist di Speise, iss davon und segne mich dann. – Isaak sagte zu seinem Sohn: Wie schnell hast du ein Tier gefunden! – Er antwortete: Gott, der Herr half mir.

Isaak sprach weiter: Komm nahe zu mir. Ich will dich anrühren und fühlen, ob du Esau bist oder nicht. Jakob kam nahe zu seinem Vater Isaak. Der Vater rührte ihn an und sprach: Deine Stimme ist Jakobs Stimme, deine Arme sind Esaus Arme.

Der Vater erkannte Jakob nicht, weil er auf Jakobs Händen die Haare fühlte wie auf den Händen seines Bruders Esau. Da segnete der Vater seinen Sohn Jakob.

Ich bin dein Knecht Jakob. Wer bin ich schon, dass du so freundlich mit mir bist und mir die Treue hältst? Ich hatte nur einen Wanderstab, als ich damals über den Jordan zog und in die Fremde ging.

Jetzt habe ich Knechte und Mägde und Vieh, zwei große Lager. Rette mich vor Esau, meinem Bruder! Ich habe große Angst, dass er kommen wird und mich und meine Frauen und Kinder erschlägt.

Du selbst hast versprochen und zu mir gesagt: Ich will dir nur Gutes tun und will dein Volk groß machen und zahlreich wie Sandkörner am Meer, die man nicht zählen kann.

So betete Jakob. Er blieb über Nacht an diesem Ort.

Jakob fürchtet sich und bittet Gott um Hilfe

Jakob blieb viele Jahre bei seinem Onkel Laban. Labans Töchter Lea und Rahel wurden seine Frauen. Danach machte er sich auf den Weg in seine Heimat. Er schickte Boten voraus, die sollten zu Esau gehen und zu ihm sprechen: Uns schickt Jakob, der dein Knecht ist. Jakob ist bei Laban gewesen und hat viel Vieh und Knechte und Mägde erworben. Nun lässt Jakob dich bitten: Nimm ihn gnädig bei dir auf!

Die Boten kehrten zu Jakob zurück und meldeten: Wir kamen zu deinem Bruder Esau. Er hat sich aufgemacht und zieht dir entgegen. Vierhundert Mann sind bei ihm.

Da fürchtete sich Jakob sehr. Er teilte alles Volk, das bei ihm war, in zwei Lager auf, auch das Vieh. Er sprach: Wenn Esau kommt und auf eine Schar trifft und alles niederschlägt, so kann doch die andere Schar entkommen.

Dann betete Jakob zu Gott und sprach: Gott meines Vaters Abraham, Gott meines Vaters Isaak, mein Gott, du hast versprochen: „Kehre heim in dein Land, ich will dir alles gelingen lassen!"

Esau will sich rächen

Isaak hat seinen Segen über Jakob gesprochen, und Jakob hatte den Vater verlassen, da kam Esau von der Jagd zurück. Er bereitete dem Vater auch ein Mahl und brachte es ihm. Er sprach: Mein Vater, richte dich auf, iss von dem Mahl, das dir dein Sohn zubereitet hat. Danach segne mich!

Der Vater fragte ihn: Wer bist du? Er antwortete: Ich bin Esau! Isaak erschrak sehr und rief: Wer war denn der Mann, der vorhin bei mir war? Er brachte mir zu essen, ehe du kamst, und ich aß davon. Ihn habe ich gesegnet! Nun wird der Segen auch bei ihm bleiben!

Esau hörte die Worte, die sein Vater Isaak redete. Er fing an zu schreien und rief in seinem Leid: Segne mich auch, mein Vater! Hast du denn nur einen Segen? Segne mich auch, mein Vater!

Da sprach Isaak, sein Vater, zu ihm: Du wirst in einem dürren und unfruchtbaren Land wohnen. Ein Jäger musst du sein und deinem Bruder dienen. Aber du wirst kämpfen und dich von ihm befreien.

Esau hasste Jakob, weil er ihn um den Segen des Vaters betrogen hatte. Er dachte: Wenn der Vater tot ist, werde ich meinen Bruder Jakob umbringen.

Jakob flieht und begegnet Gott

Die Mutter Rebekka hörte: Esau will Jakob umbringen! Da rief sie Jakob und sprach zu ihm: Dein Bruder Esau will dich umbringen! Tue, was ich dir sage: Fliehe! Gehe zu meinem Bruder Laban. Bleibe bei ihm, bis Esau seinen Zorn vergessen hat.

Jakob zog aus seiner Heimat und machte sich auf den Weg nach Haran, woher seine Mutter stammte. Am Abend kam er ins Gebirge. Dort blieb er über Nacht. Auf einen Stein legte er sich zum Schlafen. Er träumte und sah eine Treppe, die von der Erde bis an den Himmel reichte. Gottes Engel stiegen auf der Treppe hinauf und hinab.

Gott der Herr aber stand über ihm und sprach: Ich bin der Herr, der Gott Abrahams und Isaaks. Das Land, auf dem du liegst, will ich dir und deinen Nachkommen geben. Dein Volk soll groß werden, es wird sich nach Westen und Osten, Norden und Süden ausbreiten. Alle Völker auf Erden werden durch dich und deine Nachkommen gesegnet.

Ich bin mit dir und werde dich behüten, wo du auch sein wirst. Du sollst in deine Heimat zurückkehren. Ich verlasse dich nicht, bis ich alles erfüllt habe, was ich dir verspreche.

Jakob erwachte und sagte: Gott ist hier und ich habe es nicht gewusst! Er bekam Angst und sprach: Dies ist ein heiliger Ort! Hier wohnt Gott! Hier ist das Tor zum Himmel!

Er stand auf und nahm den Stein, der unter seinem Kopf gelegen hatte, und richtete ihn auf wie ein Denkmal. Er goss Öl darauf und nannte die Stätte Bet-El, das heißt: Haus Gottes.

Jakob sagte: Wenn Gott bei mir bleibt und für mich sorgt, wenn er mich heimbringt im Frieden, wie er es gesagt hat, dann soll er mein Gott sein.

Übergänge reflektieren und gestalten **M2**

Jakobs Weg mit Gott

Mit den folgenden Aufgaben sollst du dich mit der Geschichte von Jakob beschäftigen! Bearbeite die Aufgaben in der vorgegebenen Reihenfolge! Schreibe und male auf die angegebenen Seiten im Heftchen!

- Wähle dir einen bunten Faden und hefte das Heft mit der Geschichte von Jakob zusammen.

- Lies die Geschichte von Jakob.

- S. 3: Klebe die Zeichnung von Isaaks und Rebekkas Familie (**M 4**) ein. Zeichne darunter eine Tabelle! Schreibe auf, worin die Unterschiede zwischen den Zwillingen bestehen.

- S. 5: Versetze dich in Jakob, den nachgeborenen Zwilling. Was wäre, wenn er der Erstgeborene wäre? Schreibe auf: Schon lange plant Jakob, der Erste zu sein. Er denkt: Wenn ich Erster bin, dann …

- S. 8: Lies in der Bibel den Segensspruch nach: 1. Mose 27, Verse 28+29. Der Segen verspricht Leben in seiner ganzen Fülle, er verheißt Lebenskraft. Schreibe ihn ab.

- S. 12: Male, wie du dir Jakobs Traum vorstellst.

- S. 15: Stell dir vor, du wärst an Jakobs Stelle. Was könnte sich Jakob wünschen? Schreibe auf: Wenn doch nur …

  Oder: Schreibe ein Gebet, das Jakob sprechen könnte.

- S. 20: Klebe den Liedtext auf die letzte Seite und verziere Deckblatt und Rückseite.

Übergänge reflektieren und gestalten

M3

Lied: Jakobs Weg war sonderbar

Jakobs Weg

1. Ja-kobs Weg war son-der-bar. Er such-te nach dem Glück,
schreck-te vor __ Be-trug und List __ auch kei-nes-wegs zu-rück.

2. Jakobs Weg war sonderbar.
   Der Bruder haßte ihn.
   Jakob mußte eilends fort,
   in fremdes Land entfliehn.

3. Jakobs Weg war sonderbar.
   Sein Reichtum war sehr groß.
   Aber groß war auch die Schuld.
   Er kam nicht davon los.

4. Jakobs Weg war sonderbar.
   Er kämpfte auch mit Gott,
   hielt ihn fest die ganze Nacht.
   Da kam das Morgenrot.

5. Jakobs Weg war sonderbar.
   Als er zum Bruder kam,
   konnten beide sich verzeihn,
   vergessen Schuld und Gram.

6. Jakobs Weg war wunderbar.
   Man kann es deutlich sehn:
   Gott will segnen, ob wir auch
   auf krummen Wegen gehn.

Text und Melodie: Martin Gotthard Schneider, 1972

Übergänge reflektieren und gestalten

M4

Ungleiche Brüder

Aus: Elementarbibel, S. 32. © Verlag Ernst Kaufmann, Lahr

Jakob	Esau

Erster sein wollen – Nachdenkaufgabe

- Was darf man alles, wenn man Erster ist?

- Warum möchtest du manchmal Erster sein?
  Jede/r schreibt dazu zwei Sätze auf!

- Sprich mit deinem Partner oder deiner Partnerin darüber!

- Denkt auch darüber nach: Warum will Jakob Erster sein?

- Schreibt so:
  Jakob denkt: Wenn ich Erster bin, kann ich …

Übergänge reflektieren und gestalten

M6

Isaaks Segen

> Gott gebe dir
> vom Tau des Himmels
> und vom Fett der Erde
> und Korn und Wein die Fülle!
> Völker sollen dir dienen
> und Nationen
> sich vor dir beugen!
> Sei ein Herr
> über deine Brüder,
> und deiner Mutter Söhne
> sollen sich
> vor dir beugen!
> Verflucht ist, wer dir flucht
> und gesegnet,
> wer dich segnet.

Lies den Segen!
Verziere den Rand, male und gestalte weiter mit Farbstiften,
schneide aus und klebe den Segen auf S. 8 ein!

Übergänge reflektieren und gestalten **M 7**

Segen – Gottes Versprechen

- Wählt euch einen Segensvers aus!

- Überlegt euch zu zweit ein Standbild dazu!
  Oder:
- Überlegt euch eine Bewegung, die zu dem Vers passt!

- Gestaltet euren Vers mit schönen Buchstaben und Farben!
  Ihr könnt auch dazu malen!

Ich bin mit dir und will dich behüten.

Ich bin bei euch alle Tage bis an der Welt Ende.

Ich will dich segnen. Gesegnet, wer dich segnet.

Ich will dich nicht verlassen,
bis ich alles getan habe,
was ich dir versprochen habe.

Ich bin vor dir auf deinem Weg.
Ich bin hinter dir und stütze dich.
Ich bin um dich und gebe dir Schutz.

Ich bin über dir mit meinem Segen.

M 8 Farbabbildung im Anhang S. 114

Übergänge reflektieren und gestalten

M9

Traum von der Himmelsleiter – Bildbetrachtung

- Betrachtet euch genau das Bild von Marc Chagall! Tauscht euch darüber aus, was ihr alles entdeckt!
- Benutzt die Placemat-Methode!
- Schreibe in dein Außenfeld: Wie erzählt Marc Chagall mit seinen Farben und Formen von Jakobs Traum?
- Überlegt zusammen und schreibt in die Mitte: Woran merkst du am Bild, dass Gott bei Jakob ist?

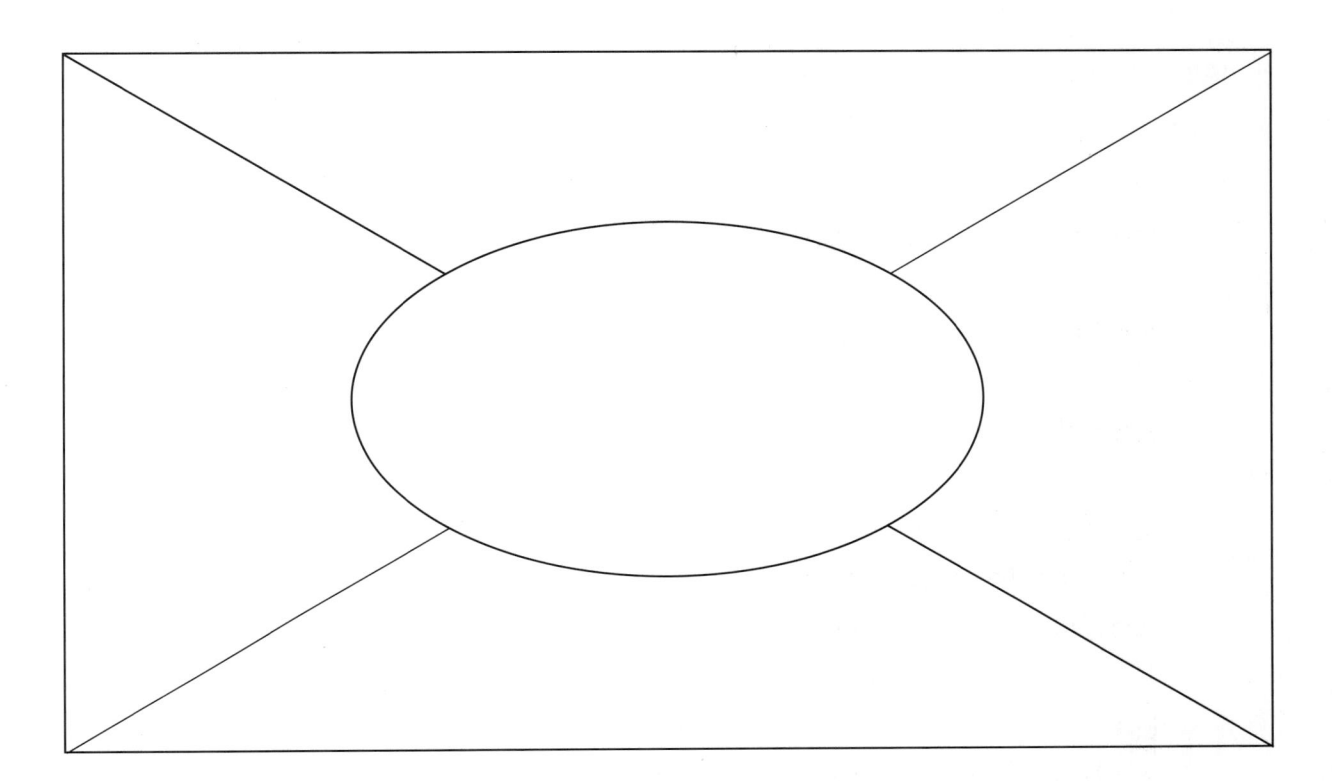

Hilfe:
Die Geschichte steht in deinem Jakobs-Büchlein. Du kannst sie nachlesen: S. 10–11.

Übergänge reflektieren und gestalten **M10**

Mit jemandem ringen – mit sich selbst ringen

- Mit jemandem ringen – das könnt ihr euch sicher gut vorstellen.

  Aber:

- Was bedeutet das: mit sich selbst ringen? Wer ringt in einem Menschen? Kennt ihr ein Beispiel dafür? Überlegt zu zweit!
- Haltet eure Gedanken fest und schreibt so: Mit sich selbst ringen bedeutet zum Beispiel …
- Lest die passende Geschichte dazu auf S. 16–17.
- Wer ringt da? Wie endet der Kampf? Wer oder was siegt?
- Stellt Jakobs Ringen mit farbigen Tüchern dar.

M11   Farbabbildung im Anhang S. 114

Jakob kämpft – Sieger Köder

Wer ringt da? Wie endet der Kampf? Wer oder was siegt? Du kannst die Geschichte auf S. 16–17 nachlesen!

Stell dir vor, am Morgen fragt Rahel ihren Mann, wieso er hinkt. Überlege dir, was Jakob darauf antwortet. Schreibe auf, was Jakob seiner Frau Rahel vom Kampf und vom Segen erzählt!

Übergänge reflektieren und gestalten

M12

Wieder gut sein wollen

Jakob will sich wieder mit Esau vertragen.
Nehmt nacheinander die Jakob-Figur und sprecht für ihn!
Die Satzanfänge können helfen.

> Ich habe einen Fehler gemacht …

> Entschuldigung, ich hab es nicht so gemeint …

> Ich bitte dich um Vergebung, weil …

> Ich bitte dich um Verzeihung dafür, dass …

> Es tut mir sehr leid, dass …

> Sei mir nicht mehr böse, …

> Vergib mir, dass …

Sprecht gemeinsam darüber:
Warum ist Wieder-gut-sein-wollen gar nicht so einfach?

Schönberger Impulse

Übergänge reflektieren und gestalten

M13

Auskunft geben können

- Denkt euch Fragen zur Jakob-Geschichte aus! Stellt euch gegenseitig die Fragen!
- Spielidee: Eine/r ist Reporter, eine/r ist Jakob.
- Sprecht darüber, welches Interview gelungen war. Wer konnte gute Antworten geben? Warum waren die Antworten gut?
- Gebt Tipps zur Verbesserung!

Jakob, mit wem hast du in der Nacht gekämpft?	Jakob, wie hast du dich wieder mit deinem Bruder versöhnt?
Jakob, was denkt dein Vater über deinen Betrug?	Jakob, was denkst du über dein Leben? Bist du jetzt glücklich?
Jakob, warum hat man dich den „Lügner" genannt?	Jakob, woran merkst du, dass Gott dich gesegnet hat?
Jakob, wie kann man von Gott träumen?	Jakob, was denkst du über Gott?
Jakob, wie war das, als du mit der älteren Schwester verheiratet wurdest?	Jakob, welche Wünsche sind in deinem Leben in Erfüllung gegangen?

Diesterweg

Schönberger Impulse

Übergänge reflektieren und gestalten

M14

Jakobs Wünsche – meine Wünsche

- Lies die ganze Jakob-Geschichte nach.
- Jakob hat viele Wünsche. Welche entdeckst du im Text?
- Welche Wünsche hast du für die neue Schule und dein Leben?
- Schreibe auf.

Jakob will ...	Ich will ...
... Erster sein	... neue Freunde

Übergänge reflektieren und gestalten

M 15

Vorschlag für Gottesdienst 1

Hinführung:

Jakob ist einen langen Weg gegangen. Auch ihr seid unterwegs, der lange erste Weg in der Grundschule geht zu Ende, ihr habt einen nächsten Wegabschnitt vor euch.

Jakob wollte erfolgreich sein. Das wollt ihr auch. Ihr wisst: Jakob hatte viele Erwartungen, für die er zum Teil lange und schwer arbeiten musste. Einige Erwartungen erfüllten sich erst nach sehr langer Zeit. So ist das auch bei uns heute, bei euch: Manches geht schnell in Erfüllung, auf anderes muss man lange warten, manche Wünsche erfüllen sich nie!

Wünsche und Erwartungen – Präsentation

Jakobs Wünsche – auf Papierstreifen gut sichtbar an einer Leiter befestigt – vorgestellt. Die Wünsche und Erwartungen der Schülerinnen und Schüler werden einzeln vorgelesen. Als Bestätigung und Ermutigung spricht die ganze Religionsgruppe / Gemeinde nach jedem Wunsch: „Und siehe, ich bin mit dir und will dich behüten, wo du auch hinziehst."

Damit verspricht Gott, dass er bei uns ist. Er verspricht nicht, dass alles in Erfüllung geht, was ihr euch für eure neue Schule wünscht. Aber dass er bei euch sein will, euch behüten, wo auch immer es euch hin verschlägt – dieses Versprechen gibt Gott, damals dem Jakob, heute euch!

Segen

Kinder sprechen sich paarweise den Segen zu und unterstützen ihn durch eine passende Bewegung:

> Ich bin vor dir auf deinem Weg.
> Ich bin hinter dir und stütze dich.
> Ich bin um dich und gebe dir Schutz.
> Ich bin über dir mit meinem Segen.

Oder:

Jedes Kind wird vom Pfarrer, von der Pfarrerin persönlich gesegnet.

Vorschlag für Gottesdienst 2

Jakobs Weg ist sonderbar – Text für Ansprache

Er ist ein Zwilling. Er wird nur kurz nach seinem älteren Bruder geboren. Er ist der Zweite. Er will aber der Erste sein. So luchst er dem müden hungrigen Bruder das Erstgeburtsrecht ab. Mit einem Essen. Wenn du mir versprichst, dass ich der Erste sein kann, geb ich dir das Essen ab.

Jakobs Weg ist sonderbar. Er will der Erste sein.

Er hat zwar dem Bruder das Erstgeburtsrecht abgehandelt. Aber das ist nicht genug. Er will das Erbe. Er will bestimmen, über die Herden, über die Knechte und Mägde, über seinen Bruder. Er verkleidet sich und überlistet seinen blinden Vater. Der gibt ihm den Segen.

Jakobs Weg ist sonderbar. Er will der Erste sein. Er will bestimmen.

Doch was hilft all seine List, sein Gewitzt-Sein, seine Tricks? Jakob muss fliehen, denn sein Bruder ist so böse auf ihn, dass er ihn töten will. Jakob muss weg, weit weg in den Norden, zu seinem Onkel. Er muss sich verstecken.

Jakobs Weg ist sonderbar. Er will der Erste sein. Er will bestimmen. Und jetzt muss er fliehen.

Unterwegs, allein, in der Öde. Einige Sträucher und Steine, ein Schlafplatz. Ein Stein wird sein Kopfkissen. So schläft Jakob auf der Flucht. Er träumt. Er hört Gottes Stimme.

Ich bin bei dir und werde dich behüten, so du auch sein wirst. Du sollst in deine Heimat zurückkehren. Ich verlasse dich nicht, bis ich alles erfüllt habe, was ich dir verspreche.

Dem Jakob, der immer der Erste sein will, der alles bestimmen will, der herumtrickst, der fliehen muss, dem Jakob gibt Gott das Versprechen: Ich bin bei dir und werde dich behüten.

Im Norden. Jakob ist bei seinem Onkel. Er hat sich verliebt. Er will heiraten. Er will glücklich sein. Doch jetzt wird er ausgetrickst. Zuerst muss er Lea heiraten, die ältere Schwester, erst dann bekommt er Rahel, die er liebt. Der Onkel lässt ihn arbeiten. Sieben Jahre und noch einmal sieben Jahre.

Jakob will reich werden. Er sorgt gut für die Herden seines Onkels. Er schafft nach und nach eine eigene

Übergänge reflektieren und gestalten

M16

Herde. Seine Tiere sind kräftiger als die Ziegen des Onkels. Seine Herde wird größer als die andere Herde.

Jakobs Weg ist sonderbar. Er will Erster sein. Er will bestimmen. Da ist die Flucht und Gottes Versprechen. Er will glücklich sein. Er will reich werden.

Und jetzt? Jakob will wieder nach Hause.

Doch da ist die Angst. Zu Hause ist sein Bruder. Ob er ihm noch böse ist? Ob sie sich wieder vertragen könnten?

Jakob macht sich auf den Weg mit Frauen und Kindern, mit Knechten und Mägden, mit seinen Herden.

Die Angst kommt wieder. Sie kommt in der Nacht. Jakob kämpft. Als ob er mit einem Fremden kämpft. Als ob er mit sich kämpft, seinem dunklen Teil. Als ob er mit Gott kämpft.

Und er erkennt:
Ja, er ist Jakob der Lügner gewesen. Jetzt nach dem Kampf hat er einen neuen Namen: Israel, Kämpfer für Gott. Gottes Versprechen ist wieder da: Ich bin bei dir und werde dich behüten.

Jakob begegnet seinem Bruder. Er versöhnt sich wieder mit ihm. Er kauft Land. Sein Bruder lebt in einer anderen Gegend. Es ist Platz für alle.

Jakobs Weg ist sonderbar.

Jakobs Wünsche sind auch unsere Wünsche, eure Wünsche. Erster sein: Schule soll gelingen, gute Noten, ein guter Abschluss. Bestimmen können: einen guten Beruf lernen, eine gute Arbeit haben. Glücklich sein, reich werden, sich mit anderen vertragen.

Ich wünsche euch, dass auf eurem Weg vieles gelingt. Und dass ihr das Versprechen, das Gott Jakob gegeben hat, behaltet und spürt:
Ja, Gott ist bei dir und wird dich behüten. Gerade, wenn es nicht glatt geht, wenn die Wege sonderbar und krumm sind, wenn man sich durchmogeln will, wenn die Angst groß ist.

Ich bin bei dir und werde dich behüten. Gottes Versprechen an euch.

Übergänge reflektieren und gestalten

M17

Beispielaufgaben

Wähle zwei Aufgaben aus! (Einzelarbeit)

- Jakob wird gesegnet. Das geschieht mehrmals in der Geschichte. Eine Situation sollst du schriftlich nacherzählen.
- Welchen Segensvers kannst du dir gut behalten? Warum gefällt er dir? Begründe. Male und gestalte damit eine Karte.
- Wann wird man heute gesegnet? Warum? Bist du schon einmal gesegnet worden? Was denkst du über Segen?
- Wie kann man sich wieder vertragen? Was kann man von Jakob lernen? Was denkst du?

Wählt zwei Aufgaben aus! (Partnerarbeit)

- Jakob wünscht sich Glück und Reichtum, Erster zu sein und bestimmen zu können. Was hat er dafür getan? Was hat er am Ende der Geschichte erreicht? Besprecht euch. Schreibt dazu vier Sätze auf.
- Betrachtet zu zweit das Bild „Jakob kämpft" von Sieger Köder! Was seht ihr? Erinnert euch: Wie geht der Kampf aus? Schreibt zu dem Bild ein Elfchen.
- Im Gottesdienst wollen wir für die Schulabgänger beten. Formuliert ein Gebet. Oder: Formuliert zwei Bitten.
- Wähle einen Segensvers aus, der dir gut gefällt. Nimm ein wenig Salböl auf deine Fingerspitze und streiche deinem Partner über die Handfläche. Sprich dazu den Segen. Tauscht.
- Erfindet einen Segens-Rap! Ihr könnt aus den Segensversen auswählen. Präsentiert ihn der Gruppe.
- Bereitet ein Interview mit Jakob vor. Ihr sollt es der Gruppe präsentieren.

Schönberger Impulse

Textpuzzle

Jakobs Weg war sonderbar

Sie heißen Jakob und Esau.

Jakob träumt von der Himmelsleiter und von Gottes Versprechen.

Jakob will Erster sein und kauft Esau das Erstgeburtsrecht für ein Linsengericht ab.

Er erlistet den Segen von Isaak.

Esau will sich rächen und Jakob muss fliehen.

Isaak und Rebekka bekommen Zwillinge.

Er versöhnt sich mit Esau.

Bei seinem Onkel Laban arbeitet er viele Jahre.

Auf dem Heimweg kämpft Jakob mit Gott und sich selbst.

Er heiratet Lea und Rahel und bekommt viele Kinder.

Jakob bleibt mit seiner Familie bei Sichem.

Übergänge reflektieren und gestalten

M 19

Name: _____

Was ich schon kann – was ich wissen möchte

	😊😊	😊	😐	☹	☹☹
Ich kann die Geschichte von Jakob nacherzählen.					
Ich kann die Sätze in die richtige Reihenfolge bringen.					
Ich kann eine Station auf Jakobs Weg mit Tüchern, Naturmaterial und Figuren darstellen.					
Ich kann eine Situation bei Jakob nennen, in der Segen vorkommt.					
Ich kann einen Segensspruch auswendig aufsagen.					
Ich kann beschreiben, wie Segen wirken kann.					
Ich kann mit einem Segen Mut machen.					
Ich kann unterscheiden, welche Menschen wie ein Segen sind und welche nicht.					

Mehr wissen möchte ich _____

_____

_____

Schönberger Impulse

Warum wir heute evangelisch sind

3.–4. Schuljahr

Über Martin Luther und die eigene Konfession Auskunft geben

Von der Anforderungssituation her denken

Nach dem Kennenlernen der evangelischen Kirche und einem Besuch der katholischen Kirche kristallisieren sich in der Klasse folgende Fragen heraus: Warum sind wir evangelisch? Warum gibt es eine evangelische und eine katholische Kirche? Die Frage nach der eigenen Konfession, so unspezifisch sie auch im Einzelnen gestellt ist, wird zur Anforderungssituation. Dabei geht es um die Fähigkeit, Auskunft über die eigene Tradition geben zu können.

Kompetenzen und Bildungsstandards

Welche Kompetenzen werden gebraucht, damit Schüler/innen auskunftsfähig werden? Was müssen sie wissen? Was gibt es zu lernen? Wie wird das erworbene Wissen zu einer Kompetenz, also der Fähigkeit, die Anforderungssituation zu bewältigen? Die kultusministeriellen Vorgaben für das Fach evangelische Religion nehmen selbstverständlich die Frage nach der eigenen Religion und Konfession auf. In „Bildungsstandards und Inhaltsfelder. Das Kerncurriculum für Hessen" wird im Kompetenzbereich „Fragen und begründen" formuliert: „Die Lernenden können nach der eigenen Religionszugehörigkeit fragen und sie ansatzweise begründen." (S. 16) Im Kompetenzbereich „Kommunizieren und Anteil nehmen" heißt es: „Die Lernenden können über die eigene Religion ... sprechen." (S. 17) Weitere Anregungen finden sich bei der Mitgestaltung christlicher Feste, beim Erklären und Deuten elementarer Ausdrucksformen religiöser Praxis und beim Partizipieren an religiös bedeutsamen Vorhaben des Schullebens. Kombiniert mit dem Inhaltsfeld Kirche ergeben sich brauchbare Inhalte, an denen gelernt und Kompetenzen weiterentwickelt werden können.
Im „Teilrahmenplan Evangelische Religion Grundschule Rheinland-Pfalz" ist an die dritte Kompetenz zu denken: Schülerinnen und Schüler können „zentrale Motive des christlichen Glaubens und exemplarische Gestalten der Christentumsgeschichte beschreiben und über deren Bedeutung Auskunft geben". (S.10) Der Orientierungsrahmen gibt im Abschnitt „Die Frage nach der Kirche und Ausdrucksformen des Glaubens" Hilfen zur Konkretisierung. Sowohl Kirchenräume als auch das Kirchenjahr mit seinen kirchlichen Festen im Jahreslauf gilt es zu erkunden. Die eigene, also die evangelische Konfession wird mit der Person Martin Luthers ins Spiel gebracht. Die Kirchengemeinde vor Ort, ebenso die Nachbarschaft zur katholischen Gemeinde können thematisiert werden wie auch die Grundformen religiöser Praxis im Christentum. Trotz unterschiedlicher Ableitung bzw. Anbindung finden sich ähnliche Hinweise zur Unterrichtskonkretion. Gerade auch in Auseinandersetzung mit anderen kulturellen und religiösen Prägungen wird es als unabdingbar erachtet, sich in der eigenen Tradition auszukennen und darüber auskunftsfähig zu sein.

Aus diesen Überlegungen folgt hier *ein* möglicher Lernweg nach dem Lehr-Lernprozessmodell (siehe S. 7)

Lernen vorbereiten und initiieren

Lernausgangslage
- Einstieg mit einem Foto des Luther-Denkmals in Worms (**M 1**). Es wird mit der Überschrift: Martin Luther (*1483; †1546) an der Tafel präsentiert. Foto und Name lösen eine Reihe von Fragen aus, die an der Tafel protokolliert werden.
- Jedes Kind erhält eine Kopie des Fotos und klebt sie ins Religionsheft ein. Nun kann man genauer die Figur, vor allem die Haltung betrachten und wahrnehmen. Die Kinder entdecken und beschreiben die Haltung und auch das Buch. Die Vermutung, dass es sich dabei um die Bibel handeln muss, liegt nahe.
- Mit eigenen Standbildern wird das Denkmal nachgestellt. Der Kraft in der Haltung und dem nachdrücklichen Verweis auf das Buch wird nachgespürt; die Erfahrungen werden von den Kindern mit einfachen Worten beschrieben.

Kompetenz-Inhalts-Netz: Warum wir heute evangelisch sind

Anforderungssituation: Warum sind wir evangelisch? Was ist eigentlich „evangelisch"?
Anwendungssituation: Über Martin Luther und die eigene Konfession Auskunft geben

	Wahrnehmen + beschreiben	Fragen + begründen	Deuten + verstehen	Kommunizieren + Anteil nehmen	Ausdrücken + gestalten	Handeln + teilhaben
Martin Luther	Luther-Denkmal beschreiben	Nach Martin Luthers Lebensumständen und Bedeutung fragen	Luther-Denkmal in Worms	Forscherfragen entwickeln und mit Partner besprechen und auswählen	Haltung: Sola scriptura nachstellen	
Martin Luthers Entdeckung	Jemandem gefallen wollen – Gott gefallen wollen	Bibel als Quelle befragen	Gott recht sein wollen; Luthers Ringen verstehen	Hier stehe ich, ich kann nicht anders.	Rolle als Luthers Freund übernehmen und Luthers Handeln begründen	
Luthers Bibelübersetzung	Handschriften und biblische Sprachen beschreiben	Warum Bibeln (Bücher) so kostbar waren	... damit alle die Bibel lesen und in ihrer Sprache verstehen können	Bedeutung der Bibelübersetzung auf Plakat gestalten		
Sola scriptura	Unterschiedliche Bibelausgaben entdecken	Spuren von Luthers Übersetzung entdecken	Bedeutung des selbstständigen Lesens in der Bibel nachvollziehen	Bibeln betrachten, auswählen, vorstellen	Bibeln erkunden und Ausstellung vorbereiten	Bibeln ausleihen und „lesen"
Evangelisch sein	Kirchenraum wahrnehmen (Wiederholung)	Evangelium – Frohe Botschaft	Frohe Botschaft in biblischen Geschichten entdecken	Bibel untersuchen: Evangelien im NT	Gottesdienstformen kennen und erproben	Sich in Kirchenräumen angemessen verhalten
Reformationstag	Lied: Ein feste Burg	Wiederholen und sich positionieren	Luthers Leistung würdigen	Eigene Konfession mit Erfahrungen des RU in Zusammenhang bringen	Reformationsfeier/ -andacht planen und gestalten	Reformationsfest mitfeiern
Über Gott nachdenken	Was denke ich über Gott? Eigene Vorstellungen beschreiben	Warum war es Luther so wichtig, Gott recht zu sein?	Geeignete biblische Geschichten von Gottes Liebe her deuten	Unterschiedliche Haltungen zu Gott im Gespräch würdigen		Evangelisch sein – ich gehöre dazu

Warum wir heute evangelisch sind

Transparenz der Kompetenzerwartungen
- Der Blick wird zurück auf die Fragen an der Tafel gelenkt. Welche Fragen sind besonders wichtig oder interessant? Die Kinder geben unterschiedliche Wertungen ab.
- Jedes wählt individuell für sich drei bedeutsame Fragestellungen („Forscherfragen") aus, die es im Laufe der Einheit bearbeiten und klären möchte. Die Fragen werden neben das Foto ins Heft übernommen.

> *Aus der Erprobung*
> Wer war das überhaupt?
> Wo hat er gelebt?
> War er ein guter Mensch?
> War er getauft?
> War er evangelisch oder katholisch? Warum gibt es ein Martin-Luther-Haus?
> Wo steht das Denkmal?
> Warum gibt es für ihn ein Denkmal?

Kognitive Aktivierung
Aufgaben und methodisches Vorgehen werden vorgestellt, die Schülerinnen und Schüler tragen mit ihren eigenen Fragestellungen und Forscherergebnissen zum weiteren Verlauf des Unterrichtsvorhabens bei. Neue Fragen sind erwünscht und werden zu gegebener Zeit weiter verfolgt.

Lernwege eröffnen und gestalten

Martin Luthers Entdeckung
- In Anlehnung an den Erzählvorschlag (M2) wird die Lebensgeschichte Martin Luthers entfaltet. Im Gespräch wird Luthers Empörung über den Ablasshandel eingebracht. Auf die Bedeutung der Bibellektüre zur damaligen Zeit wird hingewiesen: Bibellesen war ein Privileg des Klerus. Erst durch das eigene Bibelstudium konnte Luther seine reformatorische Erkenntnis gewinnen.
- Der Reichstag zu Worms und die Gefangenschaft bzw. sein Versteck auf der Wartburg fließen in die Lehrererzählung ein.
- Die Beziehung zwischen Luther-Denkmal und zu Luthers entschiedener Haltung zu den biblischen Texten mit dem Satz „Hier stehe ich, ich kann nicht anders" soll den Drittklässlern deutlich werden. Es folgt der Rückgriff auf das Foto. Die Standbilder werden wiederholt und mit dem Lutherzitat verbal unterstrichen.
- In Partnerarbeit stellen die Schüler/innen und Schüler wichtige Stichwörter zu Luther zusammen. Daraus kann sich ein „Steckbrief" entwickeln oder ein bereits ausformulierter kleiner Textabschnitt zu einer Begebenheit aus Luthers Leben, z.B. Leben als Mönch, Ablassbrief, Thesenanschlag, Papst und Kaiser, Bibelübersetzung.
- Daraus wird ein gemeinsamer Tafeltext erarbeitet und ins Heft übertragen.

> *Aus der Erprobung*
> **Martin Luther**
> Martin Luther hat vor 500 Jahren gelebt. Als Mönch durfte er die Bibel in Latein lesen und studieren. Er entdeckte, dass Gott alle Menschen liebt, dass man vor Gott keine Angst haben muss.
> Am meisten regte er sich auf, dass man Ablassbriefe kaufen konnte, um für seine Sünden und böse Taten zu bezahlen. Mit seinen Freunden schrieb er 95 Thesen auf ein Plakat, das am 31. Oktober 1517 an die Kirchentür genagelt wurde. Der Papst in Rom wurde sein Feind. Doch er blieb mutig, auch vor dem Kaiser in Worms: „Hier stehe ich, ich kann nicht anders. Die Bibel sagt alles Wichtige!" Daran erinnert das Luther-Denkmal in Worms.
> Nach dem Reichstag in Worms wird Luther überfallen. Er kann sich auf der Wartburg verstecken. Dort hat er viel Zeit. Er übersetzt die Bibel in Deutsch.

Luthers Bibelübersetzung
- Folien mit alten Handschriften (M3) werden gemeinsam betrachtet. Die Kinder beschreiben die Kunstfertigkeit, stellen aber auch fest, dass sie die Texte nicht lesen können. Sie erfahren, dass so die Bibel über Jahrhunderte in Klöstern abgeschrieben worden ist.
- Kopien von alten Holzschnitten (M4), eventuell als Folien präsentiert, zeigen Martin Luther und die Wittenberger Bibelausgabe. Die Schüler wiederholen und würdigen auf ihre Weise die Übersetzungsleistung Martin Luthers.
- In Kleingruppen erarbeiten die Schüler/innen ein Plakat zu Martin Luther. Dazu werden Fotos vom Luther-Denkmal und von der Wartburg, griechische und hebräische Bibelzitate sowie weitere Kopiervorlagen (M5) zur Verfügung gestellt. Die Bilder sollen beschriftet werden, mit Überschriften sowie den Eigentexten aus dem vorausgegangenen Unterricht. Die Kinder werden ausdrücklich darauf hingewiesen, dass sie ihre

> *Exemplarisch für die kommunikative Auseinandersetzung der Kinder untereinander steht hier die Gestaltung eines Plakates in Kleingruppenarbeit. Die Kinder werden ausdrücklich darauf hingewiesen, ihre Hefteinträge zu verwenden.*

Hefteinträge verwenden sollen. Als zusätzliche Hintergrundinformation wird der Erzählvorschlag (**M 2**) einmal in jede Kleingruppe gegeben.
- Die Plakate werden vorgestellt und von der Klasse gewürdigt. Für die Weiterarbeit, vor allem die Einarbeitung von Verbesserungen wird Zeit eingeplant.

Sola scriptura – die Bibel sagt alles Wichtige!
- Eine Kiste mit unterschiedlichen Bibelausgaben, auch einer hebräischen Bibel und einem griechischen Neuen Testament, wird von den Kindern ausgepackt und „erforscht". Neben den Gesamtbibeln sind auch Kinderbibeln vertreten. Wichtige Frage: An welchen Bibeln kann man heute noch etwas von Martin Luther merken, auch wenn sie schon lange nicht mehr so aussehen wie die Ausgabe, die der Holzschnitt zeigt?
- Jedes Kind darf sich eine Bibel aussuchen. Es zeigt kurz „seine" Bibel und begründet die getroffene Wahl.
- Einige Suchaufgaben: Finde die zwei Teile: Altes Testament und Neues Testament. Welcher Teil ist der kleinere? – Gibt es in deiner Bibel eine Landkarte? Finde die Stadt Jerusalem! – Suche das Inhaltsverzeichnis! Wo stehen Psalmen? Suche Psalm 23! Wer kann ihn vorlesen? – Im Vergleich lesen die Schüler/innen in unterschiedlichen Ausgaben die ersten Sätze aus Genesis 1 und das Gleichnis vom verlorenen Schaf aus Lukas 15, 1–7 vor.
- Schriftlich beantworten die Schülerinnen und Schüler die „Nachdenkaufgabe": Warum hat Martin Luther die Bibel übersetzt? Warum war es für Luther so wichtig, dass die Menschen die Bibel in Deutsch lesen konnten? Was sollten alle Menschen von Gott wissen?
- Die Schülerergebnisse werden vorgelesen und gewürdigt.

> *Aus der Erprobung*
> *Martin Luther wollte, dass alle Menschen die Sachen von Gott selbst nachlesen konnten. (Luca)*
>
> *Alle sollen wissen, dass Gott sie lieb hat. (Demy)*
>
> *Die Leute sollen lesen können in der Bibel von Gott. (Antanas)*
>
> *Sie sollen merken, dass man vor Gott keine Angst haben muss. – Gott hat die Menschen lieb, das kann man nicht kaufen. (Mandy)*

Orientierung geben und erhalten

Lernstandsfeststellung
- Einige Fragen (**M 6**) regen die Kinder an, den bisherigen Religionsunterricht und ihren Lernprozess in den Blick zu nehmen. Sie sollen z. B. auf die Fragen zurückgreifen, die sie am Anfang zu Martin Luther gestellt hatten. Welche waren geklärt? Was hatten sie Wesentliches behalten? Welche Seiten/Passagen in ihrem Heft bewerteten sie als besonders gelungen? Das Heft dient als wichtige Grundlage! Die Fragen versuchen zu erfassen, was die Schüler/innen tatsächlich wissen und was sie sich behalten wollen.
- Die Antworten der Schülerinnen und Schüler werden von der Lehrkraft sorgfältig gesichtet und eventuell dokumentiert. Sie geben detailliert Auskunft darüber, wie die Kinder denken und was sie sich wie gemerkt haben, was für sie wichtig und behaltenswert geworden ist. Sie dienen als „Lernstandserhebung", ohne dass sie zwangsläufig benotet werden müssen. Denn Richtiges, Halbwissen und Falsches stehen kunterbunt nebeneinander. Neben dem Entdecken der Lehrkraft, welches Wissen die Schülerinnen und Schüler tatsächlich erworben haben und worüber sie verfügen, steht auch die Aufforderung an den weiterführenden Unterricht: Was brauchen sie noch, damit sie Wissen und Können im Sinne von Kompetenz verbinden können?
- Halbrichtige Formulierungen wie z. B. „Martin Luther hat die evangelische Kirche erfunden." „Martin Luther hat die Bibel geschrieben." fordern ihre Richtigstellung und weitere Spracharbeit heraus.

> !i *Jede Lernstandserhebung ist zugleich Lernausgangslage und dient als Aufforderung zur vertiefenden Weiterarbeit.*

Kompetenzen stärken und erweitern

Anknüpfung und Vernetzung
„Was ist denn eigentlich evangelisch?"
- Mit der Tafelanschrift „Martin Luther hat die evangelische Kirche erfunden." beginnt die nächste Erarbeitungsphase. Dabei geht es in erster Linie um Spracharbeit. Schnell tragen die Kinder eine Reihe Interpretationen zusammen: Mit Martin Luther hat die evangelische Kirche ange-

Warum wir heute evangelisch sind

fangen. Er hat sie gegründet. Seit Martin Luther gibt es eine katholische und eine evangelische Kirche.
- Unvermittelt fragt Tobias: „Was ist denn eigentlich evangelisch?" Was verbirgt sich hinter dieser Frage? Sollen äußere Merkmale aufgezählt werden, z.B. Ausstattung der Kirchräume? Oder: Was hat der Name „evangelisch" mit Luthers reformatorischer Entdeckung zu tun? Nach dem Evangelium leben, das Evangelium als Frohe Botschaft verstehen? Und: Was will Tobias wissen? Was ist anscheinend noch offen und müsste auch für die Gesamtgruppe geklärt werden? Welche Bezüge können die Kinder selbst aus dem bisherigen Unterrichtsprozess entdecken und formulieren?
- Hier entscheidet sich die Lehrerin dafür, „evangelisch" von dem Wort „Frohe Botschaft" und von den Evangelien im Neuen Testament her zu erläutern. Noch einmal nehmen die Schüler/innen die Bibeln in die Hand. Die Kinder suchen den Beginn des Neuen Testaments und lesen in der Inhaltsübersicht: Das Evangelium nach Matthäus, nach Markus ... Zur weiteren Illustration wird das griechische Wort ευαγγελιον an die Tafel geschrieben und mit „Frohe Botschaft" oder „Gute Nachricht" übersetzt. Auch hier hilft eine Bibelausgabe weiter: Die ganze Bibel heißt „Gute Nachricht". Erzählend wird noch einmal entfaltet: Das war Luther wichtig. Alle Menschen sollten diese frohe Botschaft kennenlernen. Im Gottesdienst wurden die biblischen Geschichten in deutscher Sprache vorgelesen, jeder sollte die gute Nachricht wissen und verstehen können.
- In zäher Spracharbeit, aber mit großem Engagement von Seiten der Kinder entsteht ein weiterer Tafeltext, der ins Heft übertragen wird.

> **Aus der Erprobung**
> *Evangelisch sein*
> *Martin Luther gehört nicht mehr zur katholischen Kirche. Denn er wollte nur auf die Bibel hören, nicht auf den Papst. Seine Freunde und er trafen sich zu Gottesdiensten und lasen in der Bibel, in den Evangelien von Matthäus, Markus, Lukas und Johannes. Immer wieder entdeckten sie in den Geschichten, dass Gott alle Menschen lieb hat. Martin Luther sagte: „Das ist die gute Nachricht, das Evangelium, das alle kennen und wissen sollen." Seit Martin Luther gibt es neben der katholischen Kirche auch eine evangelische Kirche.*

Martin Luther hat über Gott nachgedacht (… ein Jahr später)

- Nach einer größeren Einheit zur Frage nach Gott wird ein Zusammenhang für die Kinder als Tafelanschrift vorgegeben: Nachdenken über Gott – Martin Luther hat über Gott nachgedacht.
- Ausgehend von diesem stummen Impuls entwickelt sich eine angeregte Gesprächsatmosphäre. Die Kinder wiederholen, was sie von Martin Luther noch wissen. Manche erweisen sich geradezu als „Luther-Experten".
- In der Erprobung kommt als Erstes die Antwort „Martin Luther hat die Bibel übersetzt". Die Schüler wiederholen, dass Martin Luther in Worms war, erinnern sich an das Denkmal und Luthers Verweis auf die Bibel. Ein Kind hat zwischenzeitlich die Wartburg besucht, auch sie rückt neben dem legendären Tintenfass wieder ins Bewusstsein. Dann taucht das Bild von einem Kasten auf, in den man Geld werfen konnte, um „solche Zettel" zu bekommen. Dagegen hatte Luther doch die 95 Sätze geschrieben und an die Kirchentür genagelt. Im Unterrichtsgespräch gibt ein Wort das andere. Gemeinsam tragen die Kinder Martin Luthers reformatorisches Anliegen zusammen: Die Erkenntnis, dass man ohne Vorleistung, vor allem ohne Geld zu Gott kommen kann, ist wieder präsent.
- Mit den Bildern eines Büchleins „Wie Martin Luther auf den Reformationstag kam"* und dem zugehörigen Lesetext (**M 7**) bündeln sich noch einmal die einzelnen Facetten. Dass das Bilderbuch sogar einen Zugang zu Haloween bietet, ist gerade am Vortag zum Reformationstag ein willkommener aktueller Ausblick.

---

* Bezugsquellen Bilderbuch und Folien:
Bilderbuch über: Werbedienst-Vertrieb, Heinrich-Baumann-Str. 7, 70190 Stuttgart,
http://komm-webshop.de/Luther-2017
Folienmappe über: pti Kassel, Heinrich-Wimmer-Str. 4, 34131 Kassel
http://www.pti-kassel.de/institut/ptishop/Medienbestellzettel.pdf

Warum wir heute evangelisch sind

Lernen bilanzieren und reflektieren

... zum Ende von Klasse 4: Was hat Religion mit mir zu tun?

- Kurz vor den Sommerferien werden die Schüler/innen befragt, was sie sich aus ihrem bisherigen Religionsunterricht gut merken können, was ihnen wichtig war usw. Eine Frage lautet: Was hat Religion mit dir zu tun?
- Diese Art der Bilanzierung zeigt deutlich, wo der Religionsunterricht Spuren hinterlassen hat. Sie dient sicher im Sinne von Ergebnissichtung der Notenfindung oder der Verbalbeurteilung eines Kindes.
- Die Bilanzierung dient auch der eigenen Reflektion. Gerade weil die Schüler/innen bei den persönlichen Fragen oft sehr bereitwillig antworten und zeigen, was ihnen haften geblieben ist, lohnt es sich, die Gedanken der Kinder sehr sorgfältig wahrzunehmen. Sie geben Aufschluss über das eigene Lehrerverhalten, über die Stärken und Schwächen des Unterrichts.

    > *Aus der Erprobung*
    > Ein Junge schreibt:
    > Die List von Jakob, die Kraft des Nachdenkens von den Pinguinen (An der Arche um Acht), der Mut von Martin Luther, das bin ich.

- „Diagnostische" Fragen: Was war für das Kind/für die Klasse eindrücklich, so dass es noch präsent ist? Wo bleiben die Angaben stereotyp? Wo war Raum für eigenes Nachdenken? Mit welchen inhaltlichen Schwerpunkten haben sich die Kinder mit ihrer Lebenswelt wieder gefunden, sich vielleicht sogar damit verbunden? Welches Unterrichtsarrangement bzw. welche Methoden waren hilfreich? Welche weiteren Fragen möchte ich für mich verfolgen?
- In Rückbindung an die Anforderungssituation wären auch folgende Aufgabenstellungen denkbar, um die Auskunftsfähigkeit der Schüler/innen festzustellen:
    Wieso gibt es eine evangelische und eine katholische Kirche?
    Welcher Gedanke war Martin Luther so wichtig, dass er sogar die Bibel übersetzte?
    Nenne einige Kennzeichen für die evangelische und für die katholische Kirche!
    Was ist für dich besonders „evangelisch"?

Materialübersicht

M 1 Martin Luther-Denkmal in Worms
M 2 Martin Luthers Entdeckung – Erzählvorschlag
M 3 Alte Handschriften
M 4 Martin Luther
M 5 Hebräische und griechische Textauszüge
M 6 Reflektieren des eigenen Lernens
M 7 Wie Martin Luther auf den Reformationstag kam

Martin Luthers Entdeckung – Erzählvorschlag

Vor 500 Jahren: Martin Luther lebt als Bruder Martin im Kloster in Erfurt. Hier lernt er die Bibel selbst kennen. Vorher hat er, wie die anderen Menschen auch, nur das gewusst, was die Priester ihm über die Bibel gesagt haben. Aber jetzt, als Mönch, liest er die Bibel selbst. Er liest sie in lateinischer Sprache. Latein hat er schon in der Schule gelernt. Latein versteht er. Er kennt sich immer besser in der Bibel aus. Dann wird er zum Priester geweiht. Es wird im Kloster bestimmt, dass Martin weiter Theologie studieren soll. So lernt er an der Universität immer mehr von Gott, von der Bibel, von der Kirche. Er macht sein Examen, wird Doktor der Theologie und ist nun selbst Professor an der Universität Wittenberg.

Doch eine Sache macht ihm immer wieder Angst. Er denkt von sich: „Ich gebe mir viel Mühe, aber trotzdem mache ich Fehler. Ich bin nicht so, wie Gott mich haben möchte ist. Manches an mir ist böse, auch wenn ich das Gute will. Eigentlich kann mich Gott so wie ich bin gar nicht lieb haben. Wenn Gott gerecht ist, muss er mich doch bestrafen." Tief in ihm sitzt diese Angst.

In der Nachbarstadt werden Ablassbriefe verkauft. Kann man damit Böses ungeschehen machen und Gottes Strafe abbezahlen? Die Verkäufer sagen: „Ja, das kann man, sogar für die Verwandten, die schon gestorben sind." Soll das möglich sein? Das kann Martin Luther nicht glauben.

Da liest Martin Luther an einer Stelle in der Bibel: Der Mensch wird durch den Glauben vor Gott gerecht, nicht durch seine Werke. Gott hat die Menschen lieb. Gott freut sich, wenn die Menschen das glauben und darauf vertrauen. So sind sie Gott recht.

Darüber muss Martin nachdenken. Je mehr er nachdenkt, um so mehr versteht er: Man braucht vor Gott keine Angst zu haben. Man muss sich Gottes Liebe nicht erst verdienen. Und kaufen mit Geld, mit Spenden oder Zahlungen an die Kirche kann man sich Gottes Liebe erst recht nicht. Man braucht einfach nur an Gott zu glauben. Man kann der Bibel vertrauen, die davon erzählt, dass Gott uns liebt. Wenn man erst merkt, wie sehr Gott einen liebt, dann will man auch lieb und sein zu anderen.

Martin wird ganz froh, seine Sorgen und Ängste fallen von ihm ab. Ja, wenn das so ist mit Gott, dann müssen das alle Menschen wissen. Sie sollen es selbst in der Bibel nachlesen, am besten in Deutsch, damit sie verstehen: Vor Gott brauchen wir keine Angst zu haben. Er ist für uns da. Das ist es, was die Bibel in den vielen Geschichten erzählt, was das Evangelium, die frohe Botschaft von Gott meint.

Martin Luther hat Feinde, die ihm sogar nach dem Leben trachten. Er darf nicht mehr in Wittenberg arbeiten. So lebt er gut versteckt auf der Wartburg unter dem Schutz des mächtigen Kurfürsten von Sachsen. Dort macht er sich an die große Aufgabe, die Bibel zu übersetzen, Tag für Tag, Wort für Wort, Satz für Satz, Seite für Seite schreibt. Er. Er findet gute Ausdrücke und Formulierungen. Einmal sagt er: „Man muss den Leuten aufs Maul schauen, dann weiß man, wie man übersetzen soll."

Dann, nach Monaten, ist er mit der Arbeit fertig. Freunde bringen seine Übersetzung zu einem Buchdrucker. Es ist eine Sensation: Man kann die Bibel kaufen. Noch kostet sie viel Geld. Was viel wichtiger ist: Wer lesen kann, kann sie lesen und verstehen, in Deutsch! Jetzt können viele die Bibel besser kennenlernen und verstehen. Und genau wie Martin Luther können sie lesen, in immer neuen Geschichten, dass Gott die Menschen liebt und für sie da sein will.

M3

Warum wir heute evangelisch sind

Farbabbildung im Anhang S. 116

M4

Martin Luther

Hebräische und griechische Textauszüge

GENESIS בראשית

1 בְּרֵאשִׁ֖ית בָּרָ֣א אֱלֹהִ֑ים אֵ֥ת הַשָּׁמַ֖יִם וְאֵ֥ת הָאָֽרֶץ׃ 2 וְהָאָ֗רֶץ הָיְתָ֥ה תֹ֨הוּ֙ וָבֹ֔הוּ וְחֹ֖שֶׁךְ עַל־פְּנֵ֣י תְה֑וֹם וְר֣וּחַ אֱלֹהִ֔ים מְרַחֶ֖פֶת עַל־פְּנֵ֥י הַמָּֽיִם׃ 3 וַיֹּ֥אמֶר אֱלֹהִ֖ים יְהִ֣י א֑וֹר וַֽיְהִי־אֽוֹר׃ 4 וַיַּ֧רְא אֱלֹהִ֛ים אֶת־הָא֖וֹר כִּי־ט֑וֹב וַיַּבְדֵּ֣ל אֱלֹהִ֔ים בֵּ֥ין הָא֖וֹר וּבֵ֥ין הַחֹֽשֶׁךְ׃ 5 וַיִּקְרָ֨א אֱלֹהִ֤ים ׀ לָאוֹר֙ י֔וֹם וְלַחֹ֖שֶׁךְ קָ֣רָא לָ֑יְלָה וַֽיְהִי־עֶ֥רֶב וַֽיְהִי־בֹ֖קֶר י֥וֹם אֶחָֽד׃ פ 6 וַיֹּ֣אמֶר אֱלֹהִ֔ים יְהִ֥י רָקִ֖יעַ בְּת֣וֹךְ הַמָּ֑יִם וִיהִ֣י מַבְדִּ֔יל בֵּ֥ין מַ֖יִם לָמָֽיִם׃ 7 וַיַּ֣עַשׂ אֱלֹהִים֮ אֶת־הָרָקִיעַ֒ וַיַּבְדֵּ֗ל בֵּ֤ין הַמַּ֨יִם֙ אֲשֶׁר֙

Aus Genesis 1: Am Anfang schuf Gott Himmel und Erde; und die Erde war wüst und leer ...

⌜ΚΑΤΑ ΙΩΑΝΝΗΝ⌝

1 Ἐν ἀρχῇ ἦν ὁ λόγος, καὶ ὁ λόγος ἦν πρὸς τὸν θεόν, καὶ θεὸς ἦν ὁ λόγος. 2 οὗτος ἦν ἐν ἀρχῇ πρὸς τὸν θεόν. 3 πάντα δι' αὐτοῦ ἐγένετο, καὶ χωρὶς αὐτοῦ ἐγένετο ⌜οὐδὲ ἕν⌝·. ὃ γέγονεν·¹ 4 ἐν αὐτῷ ζωὴ ⌜ἦν, καὶ ἡ ζωὴ ἦν τὸ φῶς □τῶν ἀνθρώπων⌝· 5 καὶ τὸ φῶς ἐν τῇ σκοτίᾳ φαίνει, καὶ ἡ σκοτία αὐτὸ οὐ κατέλαβεν.

6 Ἐγένετο ἄνθρωπος, ἀπεσταλμένος παρὰ ⌜θεοῦ, ⊤ ὄνομα αὐτῷ Ἰωάννης· 7 οὗτος ἦλθεν εἰς μαρτυρίαν ἵνα μαρτυρήσῃ περὶ τοῦ φωτός, ἵνα πάντες πιστεύσωσιν δι' αὐτοῦ. 8 οὐκ ἦν ἐκεῖνος τὸ φῶς, ἀλλ' ἵνα μαρτυρήσῃ περὶ τοῦ φωτός.

9 Ἦν τὸ φῶς τὸ ἀληθινόν, ὃ φωτίζει πάντα ἄνθρωπον, ἐρχόμενον εἰς τὸν κόσμον. 10 ἐν τῷ κόσμῳ ἦν, καὶ ὁ κόσμος δι' αὐτοῦ ἐγένετο, καὶ ὁ κόσμος αὐτὸν οὐκ ἔγνω. 11 εἰς τὰ ἴδια ἦλθεν, καὶ οἱ ἴδιοι αὐτὸν οὐ παρέλαβον. 12 ὅσοι δὲ ἔλαβον αὐτόν, ἔδωκεν αὐτοῖς ἐξουσίαν τέκνα θεοῦ γενέσθαι, τοῖς πιστεύουσιν εἰς τὸ ὄνομα αὐτοῦ, 13 ⌜οἳ οὐκ⌝ ἐξ αἱμάτων οὐδὲ ἐκ θελήματος σαρκὸς □οὐδὲ ἐκ θελήματος ἀνδρὸς⌝ ἀλλ' ἐκ θεοῦ ⌜ἐγεννήθησαν.

14 Καὶ ὁ λόγος σὰρξ ἐγένετο καὶ ἐσκήνωσεν ἐν ἡμῖν, καὶ ἐθεασάμεθα τὴν δόξαν αὐτοῦ, δόξαν ὡς μονογενοῦς παρὰ πατρός, πλήρης χάριτος καὶ ἀληθείας. 15 Ἰωάννης μαρτυρεῖ περὶ αὐτοῦ καὶ κέκραγεν λέγων· ⌜οὗτος ἦν ὃν εἶπον·⌝ ὁ ὀπίσω μου ἐρχόμενος ⊤ ἔμπροσθέν μου γέγονεν,

Aus dem Johannes-Evangelium: Am Anfang war das Wort, und das Wort war bei Gott, und Gott war das Wort ...

Warum wir heute evangelisch sind

M6

Reflektieren des eigenen Lernens

- Welche von deinen Fragen zu Martin Luther kannst du dir jetzt beantworten? Blättere in deinem Heft! Schreibe die Antworten auf!

- Welche Seite in deinem Heft ist dir besonders gelungen? Male einen Stern unten auf die Seite!

- Was kannst du dir besonders gut über Martin Luther behalten?

- Was würde dich noch brennend interessieren?

- Im Religionsunterricht im 4. Schuljahr habe ich gelernt:

- Besonders gut merken kann ich mir:

- Ich frage mich:

- Religionsunterricht ist wichtig, weil:

✣ Zusatz-Frage: Was hat der Religionsunterricht mit dir zu tun?

Warum wir heute evangelisch sind

Wie Martin Luther auf den Reformationstag kam

Der 31. Oktober ist Reformationstag. Was dieser Tag bedeutet und wie es dazu kam, erzählt dieses Buch. Es ist eine Geschichte, die die Welt veränderte, die Geschichte von Martin Luther.

Martin Luther wurde am 10. November 1483 in der Stadt Eisleben geboren. Gleich am ersten Tag nach der Geburt wurde er getauft. Weil es der Martinstag war, gaben ihm seine Eltern den Namen „Martin". Ein Jahr später siedelte die Familie in die benachbarte Stadt Mansfeld um. Dort beaufsichtigte Martins Vater, der von Beruf Bergmann war, eine Kupferhütte. In Mansfeld verbrachte Martin zusammen mit seinen acht Geschwistern fast seine ganze Kindheit.

Im Alter von sieben Jahren kam Martin in die Schule. Er lernte Lesen, Schreiben, Rechnen und Latein. Im Mittelalter ging es in den Schulen noch sehr streng zu. „Bei den Lehrern saß die Rute locker", schrieb Martin in einem Brief an seine Eltern. Er war ein guter und fleißiger Schüler und durfte später sogar das Gymnasium besuchen. Das nächste Gymnasium aber lag weit weg. Mit dreizehn Jahren zog Martin daher von Zuhause aus und ging erst in Magdeburg, dann in Eisenach zur Schule. Um etwas zu essen zu bekommen, zog Martin mit seinen Schulfreunden von Haus zu Haus und sang Lieder. Nach der Schulzeit studierte er auf Wunsch seines Vaters an der Universität von Erfurt Philosophie und Rechtswissenschaften.

Im Sommer 1505 erlebte Martin Luther etwas sehr Aufregendes. Es veränderte sein Leben total: Beim Dorf Stotternheim geriet er in ein schweres Gewitter. Plötzlich schlug dicht neben ihm ein Blitz ein. Martin wurde zu Boden geworfen. In seiner Angst versprach er: „Wenn ich dies überlebe, will ich Mönch werden." Seine Freunde und Eltern konnten es nicht verstehen, aber Martin hielt sein Versprechen: Er ging ins Kloster, wurde Mönch und studierte Theologie. Martins Neugier auf Gott war nicht zu bremsen. Täglich las er in der Bibel und kannte vieles bald auswendig.

Im Jahr 1512 wurde Martin Theologieprofessor an der Universität von Wittenberg. Dort machte er eine Entdeckung, die als sein „Turmerlebnis" in die Geschichte eingegangen ist: Tag und Nacht machte sich Martin in seinem Studierzimmer im Turm seines Klosters Gedanken über Gott. Ganz besonders trieb ihn die Frage um, was ein Mensch tun muss, um Gott zu gefallen. Wie kann ich nur mit all meinen Fehlern vor Gott bestehen, fragte er sich. Da las er in der Bibel den Satz „Gerechtigkeit kommt allein durch den Glauben", und da fiel es ihm wie Schuppen von den Augen: Vor Gott muss man gar keine Bedingungen erfüllen. Gott liebt mich, wie ich bin. Ich brauche einfach nur an ihn zu glauben.

Eines Tages tauchte in Wittenberg ein Mönch namens Johannes Tetzel auf. Im Auftrag des Papstes verkaufte er auf dem Marktplatz sogenannte „Ablassbriefe" an die Leute. Die Menschen dachten damals, dass sie nach ihrem Tod für all ihre Fehler bestraft werden und in die Hölle kommen würden. Tetzel versprach, dass ihnen die Hölle erlassen wird, wenn sie einen solchen Ablassbrief kaufen. Er sagte: „Wenn der Taler im Beutel klingt, deine Seele sich in den Himmel schwingt." Martin ärgerte sich über diesen Ablasshandel: Mit dem Glauben macht man keine Geschäfte. Gott ist doch nicht käuflich!

Am 31. Oktober 1517 machte Martin Luther seinem Ärger Luft. Er schrieb seine Meinung zum Ablasshandel in 95 Thesen auf und schlug sie als Plakat an die Tür der Schlosskirche von Wittenberg. Nun konnte jeder es schwarz auf weiß nachlesen, was Martin dachte: Gottes Liebe ist bedingungslos und ein Geschenk. Wie ein Lauffeuer sprach sich der Thesenanschlag herum. Der Buchdruck war gerade erfunden worden, sodass die Thesen bald als Flugblätter gedruckt und überall verteilt wurden. Immer

Warum wir heute evangelisch sind — M7

mehr Menschen fanden, dass Martin recht hatte, und unterstützten seinen Protest.

Der Papst und die katholischen Bischöfe waren wütend: Was erlaubte sich dieser Mönch aus Wittenberg! Nach einem strengen Verhör wurde Martin aufgefordert, seine Thesen zu widerrufen und wieder ein braver Mönch zu werden. Der Papst schickte ihm einen Drohbrief, in dem er von Martin verlangte, die 95 Thesen für einen Irrtum zu erklären. Sonst würde er als Ketzer aus der Kirche verbannt werden. Martin aber ließ sich nicht einschüchtern und stand zu seiner Überzeugung. Vor den Augen der Öffentlichkeit verbrannte er das Schreiben des Papstes. Kurz darauf verhängte der Papst über ihn den Kirchenbann.

Im Jahr 1521 musste Martin seine Überzeugung vor den Königen und Fürsten vertreten, die sich in Worms zu einem Reichstag versammelt hatten. Viele erwarteten, dass er seine Thesen nun widerrufen würde. Aber Martin blieb standhaft und sagte: „Hier stehe ich. Ich kann nicht anders." Der Kaiser erklärte Martin Luther darauf für „vogelfrei": Jeder hätte ihn töten können, ohne dafür ins Gefängnis zu kommen. Als Martin vom Reichstag nach Hause reiste, passierte es: Bewaffnete Reiter stoppten die Kutsche und zerrten Martin heraus. Er wurde entführt …, aber nicht von seinen Feinden, sondern von einem sehr mächtigen Freund. Kurfürst Friedrich der Weise, Befürworter der 95 Thesen, hatte seine Soldaten beauftragt, Martin in Sicherheit zu bringen.

Martin Luther wurde auf die Wartburg bei Eisenach gebracht, wo er sich unter dem Namen „Junker Jörg" verstecken konnte. Seine Mönchskutte hängte er in den Schrank und ließ sich lange Haare und einen Bart wachsen. In seinem Versteck hatte Martin viel Zeit. Er nutzte sie, um die Bibel ins Deutsche zu übersetzen, die es bis dahin nur auf Latein gegeben hatte. Endlich konnten die Menschen selber in der Bibel lesen und sie verstehen. Bis auf den heutigen Tag ist Martins „Lutherbibel" die meist verwendete deutsche Bibel.

Als Mönch hatte sich Martin verpflichtet, unverheiratet zu leben. Im Jahr 1523 aber lernte er Katharina von Bora kennen. Sie war eine Nonne, die zusammen mit anderen Ordensfrauen aus dem Kloster geflohen war, um sich Martin und seinen Freunden anzuschließen. Martin vertrat die Meinung, dass Geistlichen erlaubt sein sollte, eine Ehe zu führen und eine Familie zu haben. Auch er selbst und Katharina entdeckten ihre Liebe füreinander und entschlossen sich zu heiraten. Im Jahr 1525 fand die Hochzeit statt. Mit den Kindern, die bald geboren wurden, gründeten die beiden das erste evangelische Pfarrhaus der Geschichte.

Die meisten Jahre seines Lebens arbeitete Martin Luther als Theologieprofessor in Wittenberg. In seinen Vorlesungen erklärte er den Studenten den Glauben. Am Sonntag predigte er in der Kirche. Da er anders als damals üblich auf der Kanzel nicht auf Latein, sondern auf Deutsch redete, waren die Leute begeistert. Endlich konnten sie verstehen, was in der Kirche gesagt wurde. Häufig hatten sie bis dahin erleben müssen, dass dort nur Priester und Kardinäle das Sagen hatten und sich die Gläubigen ihrer Meinung unterwerfen mussten. Martin dagegen lehrte das „Priestertum aller Gläubigen": Vor Gott sind alle Menschen gleich. Er machte den Menschen Mut, sich selber Gedanken über Gott zu machen. Im Februar 1546 starb er in seiner Geburtsstadt Eisleben.

Wenn wir heute Teufeln und Gespenstern begegnen, sind es meistens verkleidete Kinder, die anderen einen Schrecken einjagen wollen. Im späten Mittelalter aber, als Martin Luther lebte, waren viele Menschen davon überzeugt, dass es den Teufel tatsächlich gibt. Auch Martin hatte manchmal das Gefühl, der Teufel würde ihn auf böse Gedanken bringen. Einmal soll er sogar mit einem Tintenfass nach dem Teufel geworfen haben, um ihn zu vertreiben. Trotzig schrieb Martin in einem Kirchenlied: „Und wenn die Welt voll Teufel wäre, fürchten wir uns nicht." Bange machen gilt nicht, war Martins Devise. Denn wer auf Gott vertraut, braucht vor niemandem Angst zu haben.

Aus: Amt für Öffentlichkeitsdienst, Wie Luther auf den Reformationstag kam (Bestellung: www.kirchenshop-online.de)

Erntedank feiern in der Schule   1. – 4. Schuljahr

Kumulativer Kompetenzaufbau – ein Beispiel für das Schulcurriculum

Mit Schulkindern das Schuljahr zu leben und erleben ist gerade in der Grundschulzeit stark geprägt von Ritualen und wiederkehrenden gemeinsamen Veranstaltungen und Festen. Sie bieten den Schulanfängern Halt und Orientierung. Auch die Älteren genießen sich wiederholende Ereignisse. Feste im Jahreskreis und im Kirchenjahr bieten Struktur, lassen Bekanntes vielleicht neu erscheinen und wecken auch eine Vorfreude, mit dem Gefühl des gefundenen Platzes in der Schulgemeinde.

Diese Gedanken leiten die vorliegende Übersicht der Religionseinheit „Erntedank", die die oben beschriebene Schulsituation der Kinder aufgreift und auch für den Religionsunterricht nutzen möchte, gemäß dem Anliegen in den Bildungsstandards Hessen: Das bewusste Miterleben von Gemeinschaft und Ritualen, von christlichen Festen im Jahreskreis und ein Umgang mit Symbolen helfen, sich die eigene Religion zu erschließen.

Anhand eines immer wiederkehrenden kirchlichen Festes – hier Erntedank – soll im Folgenden ein kumulativer Aufbau von Kompetenzen dargestellt werden.

Inhaltlich wird das Thema in jedem Schuljahr um einen weiteren Themenkreis erweitert und ermöglicht so den Schülern das Anknüpfen an Inhalten und bereits erworbenen Fähigkeiten der vorherigen Schuljahre. Gleichzeitig dient es der Vertiefung und dem Verfestigen des bisher Gelernten.

Nicht alle kirchlichen Feste sind in der Erfahrungswelt der heutigen Schülerinnen und Schüler präsent. Neben dem Weihnachtsfest mit seinem breiten Brauchtum wissen die Kinder nur noch wenig von den biblisch-christlichen Bezügen von Ostern, Himmelfahrt oder Pfingsten. Kinder aus kirchenfernen Familien verbinden häufig die schulfreien Tage oder Ferien mit ganz anderen Assoziationen. Das Erntedankfest, das in einer bäuerlichen Gesellschaft verortet ist, fällt vor allem in städtisch geprägten Regionen ganz aus dem Blick, sind wir doch alle geprägt davon, dass man fast alles zu allen Zeiten kaufen kann. Deshalb soll das Erntedankfest hier in die Mitte gerückt werden.

Gerade die Herbstzeit, die Zeit zwischen Sommer- und Herbstferien zu Beginn eines neuen Schuljahrs, bietet eine hervorragende Möglichkeit, mit den Schülern das Erntedankfest gemeinsam zu erschließen und zu begehen. Gerade wenn sich zum Schuljahresanfang die Klassengemeinschaft neu findet oder die Lehrkraft neu eine Religionsgruppe übernimmt, ist das Feiern von Erntedank ein guter Anlass, Gemeinschaft zu inszenieren und zu erleben. Erntedank soll wirklich gefeiert werden, denn es ist keine Ferienzeit! Der gemeinsam gestaltete Gottesdienst, in dem jedes Jahr neu der Dank für die geschenkten Schöpfungsgaben gefeiert wird, schafft Rituale wie die Kreismitte gemeinsam zu gestalten, gemeinsames Beten, gemeinsames Essen, gemeinsames Singen und gemeinschaftliches Erleben als Mitglieder einer christlichen Gruppe.

So schließt jede Schuljahreseinheit mit einem Gottesdienst, in dem zusammen geteilt wird. Im 1. Schuljahr geschieht dies vor allem im handelnden Umgang mit Obst und Gemüse, mit dem gemeinschaftlichen Essen. Im 2. Schuljahr steht die Bearbeitung der „Speisung der 5000" (nach Mk 6, 30-44) im Mittelpunkt. Im 3. Schuljahr denken die Schüler über den Psalm 104 nach. Das Gleichnis vom Sämann mit Bildbetrachtung (**M 1** im Farbanhang, S. 113) führt die Schüler im 4. Schuljahr an Gleichnisse heran, darüber hinaus verbindet das Gleichnis die Erntedankzeit mit dem Auftrag: Seid wie ein Sämann, der Samen sät; seid wie der Samen, der neue Früchte bringt.

Die Schülerinnen und Schüler sammeln Ideen und Vorschläge zu den einzelnen Schwerpunkten. Sie gehen aus der Schule heraus, erkunden außerschulische Lernorte wie die Tafel und setzen sich für andere ein, indem sie überlegen, wie sie selbst teilen können. In unterschiedlichen Kontexten werden Kompetenzen aufgebaut und erweitert und fruchtbar in den Unterricht eingebracht. Dies schafft bei den Schüler/-innen Sicherheit im Umgang mit kirchlichen Traditionen und Ausdrucksformen und öffnet ihnen vielleicht die Tür in die Glaubenswelt der christlichen Gemeinschaft.

Erntedank feiern in der Schule

Schuljahr	Inhalt	Kompetenzschwerpunkt
1	Dank für die Schöpfung (Gemeinsames Erleben, gemeinsames Essen, gemeinsames Feiern)	**Wahrnehmen und beschreiben** Deuten und verstehen
2	Lobe den Herrn (Speisung der 5000, was bedeutet „satt sein", sich in die gemeinsame Feier mit einbringen)	Wahrnehmen und beschreiben Ausdrücken und gestalten **Deuten und verstehen**
3	Bitte für die Hungrigen (Persönlicher Dankestisch, Psalm 104, Hunger in der Welt, inhaltliche Gestaltung der Feier)	Wahrnehmen und beschreiben Deuten und verstehen Ausdrücken und gestalten **Kommunizieren und Anteil nehmen**
4	Aktion für Bedürftige (Das Gleichnis vom Sämann, Bildbetrachtung, Planung und Durchführung einer Gottesdienstfeier für andere)	Wahrnehmen und beschreiben Deuten und verstehen Ausdrücken und gestalten Kommunizieren und Anteil nehmen **Fragen und Begründen** **Handeln und teilhaben**

Im Folgenden wird nach den Vorgaben des Leitfadens zu „Bildungsstandards und Kerncurriculum Grundschule Hessen" (www.ig.hessen.de) überblickartig aufgezeigt, wie die Verschränkung von Kompetenzen und Inhalten dargestellt werden kann. So könnte ein schuleigener Arbeitsplan aussehen. In knapper Übersicht werden wichtige Ideen sowie verbindliche Vereinbarungen festgehalten. Auf weitere detaillierte unterrichtliche Ausführungen wird an dieser Stelle verzichtet.

Materialvorschläge

Liederangaben:
Lasst uns miteinander singen, loben, danken dem Herrn
   In: MenschensKinderLieder Nr. 23
   Evangelisches Gesangbuch Nr. 607

Danke für diesen guten Morgen
   In: MenschensKinderLieder Nr. 39
   Evangelisches Gesangbuch Nr. 334

Brich mit dem Hungrigen dein Brot
   In: MenschensKinderLieder Nr. 65
   In: Evangelisches Gesangbuch Nr. 420

Lasst uns danken, lasst uns danken
Gott, dem Herrn, Gott, dem Herrn.
Heut und alle Morgen, heut und alle Morgen:
Dank sei Gott! Dank sei Gott!
   Nach der Melodie von: Bruder Jakob zu singen

Bild:
M1 Van Gogh: Gleichnis vom Sämann

M1 — Farbabbildung im Anhang S. 113

Erntedank feiern in der Schule

Erntedank 1. Schuljahr

Anforderungssituation: Ist das, was wir (zu essen) haben, selbstverständlich?
Kompetenzbereiche: Wahrnehmen und beschreiben – Deuten und verstehen
Anwendungssituation: Wofür danken wir? Wem danken wir? Warum danken wir? Wie können wir unseren Dank zum Ausdruck bringen?

Kompetenzen zur Bearbeitung und Bewältigung der Anforderungssituation	Leitperspektiven und Inhaltsfelder
- Eigene Erlebnisse, Erfahrungen und Gefühle wahrnehmen und sie zum Ausdruck bringen - Die Schöpfung in ihrer Vielfalt und die Einmaligkeit des Menschen mit seinen Möglichkeiten und Grenzen wahrnehmen und beschreiben - Die Welt, ihre Entstehung und den Menschen als Gottes Schöpfung deuten - Elementare religiöse Sprach- und Ausdrucksformen anwenden - Christliche Feste und Feiern im schulischen Leben mitgestalten	Eigene Erfahrungen und individuelle Religion Kirche

Inhaltsbezogene Kompetenzen	Inhaltliche Konkretisierung	Verbindliche Verabredungen
Die Schülerinnen und Schüler können - die Jahreszeit bestimmen und typische Früchte benennen - ein Dankeslied singen und auswendig lernen - ein Tischgebet kennenlernen - eine Erntedankfeier in der Gruppe mitgestalten	Früchte der Bäume, der Felder, der Sträucher benennen und vorhandene Kenntnisse erweitern Erste Deutungsversuche: was bedeutet danken? Selbstverständlichkeiten wie das tägliche Essen hinterfragen und neu bewerten. Kirchenfest/Erntedank im Jahreslauf wahrnehmen, eigene Lebenswirklichkeit vor dem Hintergrund religiöser Fragestellungen deuten Beten als Ausdrucksform des „Dankens" kennenlernen Liturgische Elemente erfahren und mitgestalten	Dank für Schöpfung und Schöpfungsgüter Erntedanktisch gestalten Gemeinsame Gottesdienstvorbereitung Lied: Lasst uns miteinander * *Nähere Angaben siehe Materialübersicht

Erntedank feiern in der Schule

Erntedank 2. Schuljahr

Anforderungssituation: Was macht Menschen satt, froh und glücklich?
Kompetenzbereiche: Wahrnehmen und beschreiben – **Deuten und verstehen** – Ausdrücken und gestalten
Anwendungssituation: Was macht mich satt, froh und glücklich?

Kompetenzen zur Bearbeitung und Bewältigung der Anforderungssituation - Eigene Gottesvorstellung beschreiben - Gottesvorstellung der Bibel deutend beschreiben - Inhalte des Faches gestalterisch zum Ausdruck bringen - Christliche Feste und Feiern im schulischen Leben mitgestalten	Leitperspektiven und Inhaltsfelder Bibel Gott Jesus Christus
Inhaltsbezogene Kompetenzen Die Schülerinnen und Schüler können - eine biblische Wundererzählung wiedergeben - den Begriff des „satt Werdens" neu deuten - Tischgebete formulieren - eine Erntedankfeier in der Gruppe mitgestalten	Inhaltliche Konkretisierung Speisung der 5000. Biblische Erzählung zeichnerisch umsetzen. Nahrung für den Körper und Nahrung für die Seele unterscheiden. Wo und wie wirkt Gott? Sind Zweifel an biblischen Erzählungen erlaubt? Lied: Lasst uns danken Kleine Gebete selbst formulieren Liturgische Elemente erfahren und mitgestalten
	Verbindliche Verabredungen Lob dem Herrn Speisung der 5000. Mk 6,30-44 Gemeinsame Gottesdienstvorbereitung Lied: Lasst uns danken * *Nähere Angaben siehe Materialübersicht

Schönberger Impulse

Erntedank 3. Schuljahr

Anforderungssituation: Woher kommt die Welt, die Natur, das Leben?
Kompetenzbereiche: Wahrnehmen und beschreiben – Deuten und verstehen – Ausdrücken und gestalten – **Kommunizieren und Anteil nehmen**
Anwendungssituation: Was bedeutet „Gottes Schöpfung ist für alle da."?

Kompetenzen zur Bearbeitung und Bewältigung der Anforderungssituation	Leitperspektiven und Inhaltsfelder
– Die Schöpfung in ihrer Vielfalt und die Einmaligkeit des Menschen mit seinen Ausdrucksmöglichkeiten und Grenzen wahrnehmen und beschreiben – Gottesvorstellung der Bibel deutend beschreiben. Möglichkeiten verantwortungsvollen Umgangs miteinander kommunizieren und Anteil nehmen am Leben der anderen – Elementare religiöse Sprach- und Ausdrucksformen anwenden – Christliche Feste und Feiern im schulischen Leben mitgestalten	Bibel Mensch und Welt Kirche

Inhaltsbezogene Kompetenzen	Inhaltliche Konkretisierung	Verbindliche Verabredungen
Die Schülerinnen und Schüler können – an anderen Kinderschicksale mit Armut und Hunger Anteil nehmen, – den Psalm 104 verstehen und deuten – eigene Bitten formulieren – eine Erntedankfeier in der Gruppe mitgestalten	Kinderarmut in Südamerika kennenlernen. Warum sind manche Kinder arm? Wieso gibt es hungrige Menschen? Ungerechtigkeiten in der Welt wahrnehmen Unser Tisch ist reich gedeckt – Gottes Schöpfung ist wie ein reich gedeckter Tisch. Für alle? Einen eigenen Dank für die Schöpfung formulieren und eine Bitte anschließen (Danke, Gott, für die Sonne, bitte lass sie für alle scheinen.) Lied: Brich mit dem Hungrigen dein Brot Liturgische Elemente erfahren und mitgestalten	Bitte für die Hungrigen Psalm 104 Lied: Brich mit dem Hungrigen dein Brot * Gemeinsame Gottesdienstvorbereitung *Nähere Angaben siehe Materialübersicht

Erntedank feiern in der Schule

Erntedank 4. Schuljahr

Anforderungssituation: Was bedeutet Verantwortung übernehmen? Was können wir verteilen?
Kompetenzbereiche: Wahrnehmen und beschreiben – Deuten und verstehen – ausdrücken und gestalten – Fragen und Begründen – Handeln und teilhaben
Anwendungssituation: Wo und wie kann ich mithelfen, Verantwortung zu übernehmen? Wie kann ich selbst „Säemann" oder „Samen" sein?

Kompetenzen zur Bearbeitung und Bewältigung der Anforderungssituation	Leitperspektiven und Inhaltsfelder
– Gestaltungs- und Handlungsräume für einen verantwortungsvollen Umgang mit sich und der Welt wahrnehmen und beschreiben – Gottesvorstellung der Bibel deutend beschreiben. – Nach Entstehung, Grund und Sinn der Welt fragen und mögliche Antworten begründen – Im Umgang mit der Schöpfung und dem Mitmenschen verantwortungsvoll handeln – An religiös bedeutsamen Vorhaben des Schullebens partizipieren	Bibel Mensch und Welt Kirche

Inhaltsbezogene Kompetenzen Die Schülerinnen und Schüler können	Inhaltliche Konkretisierung
– Ein biblisches Gleichnis nacherzählen und deuten – einen Gottesdienst für Kita/Altenheim vorbereiten und durchführen – eine Sammelaktion initiieren z.B. für Brot für die Welt oder einen Basar veranstalten o.ä. – eine Erntedankfeier in der Gruppe alleine gestalten	Darbietung des Gleichnisses vom Sämann; Bildbetrachtung * Seid wie ein Sämann, der Samen sät, seid wie Samen, der neue Früchte bringt! Nahrung für den Körper und Nahrung für die Seele unterscheiden. Brot teilen, Liebe verschenken, Aufmerksamkeit geben, Bedürftige in ein Gebet einschließen Kleine Gebete, Bitten und Dank für das Gelingen selbst formulieren Liturgische Elemente erfahren und mitgestalten

Verbindliche Verabredungen
Gleichnis vom Säemann Mk 4,1–9 Lied: Brich mit den Hungrigen dein Brot * Sammelaktion für Bedürftige Gemeinsame Gottesdienstvorbereitung *Nähere Angaben siehe Materialübersicht

Schönberger Impulse — Diesterweg

Elementare biblische Geschichten einordnen
1.–4. Schuljahr

Wiederholen und üben – erweitern – verknüpfen

Kinder lernen im Laufe der vier Grundschuljahre eine Reihe biblischer Geschichten kennen. Das im Folgenden vorgeschlagene Bodenbild soll ihnen helfen, diese elementaren biblischen Geschichten in einen Gesamtzusammenhang zu bringen, die Bibel als Gesamtwerk zu sehen und Spuren Gottes darin zu entdecken.

Mit der Inszenierung des Bodenbildes werden die Kinder zunächst in die Geschichte der Menschen mit Gott hineingenommen. Altes und Neues Testament werden als Ordnungsprinzipien eingeführt: Das Alte Testament wird mit „Erfahrungen von Menschen mit Gott" beschrieben; das Neue Testament enthält vor allem Jesus-Geschichten. Die Geschichte der Menschen mit Gott ist damit aber noch nicht zu Ende. Sie geht mit uns weiter.

Der nachfolgende Vorschlag wird zunächst von der Lehrkraft eingeführt. Dabei werden die farbigen Tücher nach und nach ausgebreitet und ihre Bedeutung erklärt. Der Text wird meditativ vorgetragen und durch das Legen unterbrochen. Beim wiederholten Inszenieren werden die Kinder mit einbezogen, legen die Tücher und übernehmen auch einzelne Textpassagen. So kann das Legen des Bodenbildes zu einem Ritual werden, mit dem wiederholt und geübt wird.

Von Anfang an wird das Grundbild durch die Geschichten angereichert und gefüllt, die im Unterricht erarbeitet worden sind. Das kann bereits im ersten Schuljahr ein Schöpfungstext sein, die Geschichten von Jesu Geburt, Tod und Auferstehung werden dazu gehören, andere Erzählungen kommen nach und nach dazu. Mit den Bildkarten (**M 1**) verorten die Kinder das bisher Gelernte im AT oder NT. Symbole oder selbst produzierte Bilder, Textkarten (**M 2**), Dinge, die im Unterricht wichtig geworden sind, werden ebenso in das Bodenbild eingetragen. Am Ende des vierten Schuljahrs kann das Bodenbild im Sinne einer „Zeitleiste" mit Jahreszahlen versehen und als Geschichte der Menschen mit Gott gedeutet werden.

Die biblischen Geschichten und Erfahrungen der Menschen mit Gott und Jesus werden erweitert und miteinander verknüpft. Von Anfang an gilt es, in den Bildern und Erzählungen Gottes Spuren zu entdecken. Wie ein roter Faden zieht sich dieses Bodenbild durch die vier Schuljahre und macht die Bibel als Ganzes sichtbar.

Die Unterrichtserfahrungen zeigen, dass die Grundschüler/-innen die Wiederholung lieben. Die Chancen für Abwandlung und Erweiterung des nachfolgend beschriebenen „Grundbildes" und die eigene Beteiligung daran schaffen genug Anreize für das „Bibelritual".

Elementare biblische Geschichten einordnen

Erstabdruck in: forum religion 1/2008. Stuttgart: Kreuzverlag 2008 (nach einer Idee von Prof. Hartmut Rupp)

Textvorschlag	**Inszenierung des Bodenbildes**
Das ist unsere Welt.	Ein **braunes** Tuch (ca. 2 m x 1 m) auslegen
Manchmal finden wir sie schön, manchmal aber auch schrecklich. In dieser Welt freuen wir uns manchmal und manchmal sind wir traurig. Manchmal sind wir gut und manchmal sind wir böse. Von dieser Welt sagt die Bibel: Gott hat sie gemacht. Er war schon immer und wird auch immer sein.	
Manchmal denken wir, Gott ist gar nicht da. Aber er ist da, auch wenn wir ihn nicht sehen und nicht spüren können.	Einen ca. 2,50 m langen, **weißen fließenden** Stoff an den Rand des braunen Tuches legen.
Er ist da, so wie die Sonne, die jeden Tag scheint – auch wenn sie sich manchmal hinter Wolken versteckt und in der Nacht.	Das braune Tuch wird zur Hälfte eingeklappt, so dass der weiße Stoff darunter verschwindet. An den Seiten wird er an einigen Stellen herausgezupft, damit er an einigen Stellen zu sehen ist und am Anfang und Ende herausragt.
Die Bibel sagt uns, Gott hat die Sonne gemacht, so wie alle anderen Gestirne am Himmel, die Pflanzen, die Tiere und uns Menschen.	Ein **gelbes** Tuch (Chiffon) an das eine Ende des braunen Tuches legen.
Gott war immer schon bei den Menschen. Er hat sie begleitet und beschützt. Davon erzählt die Bibel. Die Menschen können ihm vertrauen und sich auf ihn verlassen in guten und schlechten Zeiten.	Ein **grünes** Tuch – wie einen Weg - auf das braune Tuch auflegen. *Hier werden später Bilder (M 1) zu Geschichten des AT wie Noah, Abraham, Jakob.... gelegt.*

Elementare biblische Geschichten einordnen

Immer wieder warten die Menschen darauf, dass Gott sich zeigt. Wir erfahren in der Bibel von weisen Männern, die sein Kommen vorausgesagt haben.	Bildkarte Jesaja (M 1)
Und Gott zeigt sich den Menschen: er schickt seinen Sohn Jesus in die Welt.	Ein weiteres **grünes** Tuch anlegen – in die Mitte einen gelben Stern als Symbol für die Geburt Jesu.
An dem was Jesus gesagt und getan hat können wir erkennen, wie Gott ist. Die Liebe Gottes zu den Menschen zeigt sich in vielen Jesusgeschichten, die wir in der Bibel finden.	Ein weiteres **grünes** Tuch anschließen. Weißes Tuch herauszupfen!
Jesus hat Freunde, seine Jünger und Jüngerinnen, die von ihm erzählen.	*Hier werden später die passenden Bilder zu den Jesusgeschichten (M 1) angelegt.*
Aber es gibt auch Menschen, die ihn ablehnen. Sie bringen ihn um, schlagen ihn ans Kreuz.	Ein **schwarzes** Tuch (Chiffon) darauf legen.
Doch Gott erweckt ihn zu neuem Leben. Die Auferstehung Jesu wird zur Hoffnung für die Menschen.	Drei **gelbe Streifen** legen, die vom schwarzen Tuch ausgehend auf den weiteren Weg zeigen.
Der Geist Gottes kommt zu den Menschen. Er bewegt sie bis heute. Er zeigt sich in Vertrauen und Mut, in Zuversicht und Hoffnung, in der Liebe zu den Armen und Schwachen. Gottes Schöpfung ist noch nicht zu Ende.	**Rotes Tuch** (Chiffon) als Abschluss legen.
Die Bibel erzählt und von einer ganz neuen Welt, wie sie einmal sein wird.	Das **weiße** Tuch wird am anderen Ende noch einmal hervorgehoben.

M1

Farbabbildungen im Anhang S. 117–120

Elementare biblische Geschichten einordnen

M2

Textkarten (1)

Noah ist geborgen in seinem Schiff mit seiner Familie und allen Tieren. Überall gibt es nur Wasser. Gott möchte eine neue Welt schaffen. Als Gott den Regen aufhören lässt, ist die Sintflut zu Ende. Das Leben beginnt neu. Gott sagt zu Noah: »Der Regenbogen, der Himmel und Erde verbindet, wird das Zeichen meiner Liebe sein für alle Zeit«.

Abraham und Sarah danken Gott. Sie sind voller Freude. Sarah lacht. Obwohl beide schon sehr alt sind, haben sie ein Baby bekommen. So hatte Gott es ihnen versprochen. Sie nennen es Isaak. Wenn Isaak groß ist, wird auch er Kinder haben. Ein großes Volk soll aus ihnen werden.

Im Anfang hat Gott den Himmel und die Erde geschaffen. Gott erschuf das Licht, das alles hell macht. Er erschuf die Bäume und die Früchte, die Sonne, den Mond und die Sterne, die Fische und alle Tiere. Und Gott erschuf den Menschen, Mann und Frau, zu seinem Bild. Er segnete sie und sprach: »Füllt die Erde, die ich euch gebe«.

Gott ruft: »Abraham, verlass dein Haus und ziehe in das Land, das ich dir zeigen werde«. Abraham gehorcht. Er bricht auf mit seiner Frau Sarah, mit seinen Dienern und mit seinem ganzen Gefolge. Sie machen sich auf den Weg zu dem Land, das Gott ihnen versprochen hat.
Gott sagt: »Abraham, deine Kinder werden einmal genauso zahlreich sein wie die Sterne am Himmel«.

© Bernhard Böttge

Elementare biblische Geschichten einordnen

M2

Textkarten (2)

Mose ist groß geworden. Gott sagt zu ihm: »Ich bin der Herr, dein Gott. Führe die Hebräer aus Ägypten heraus, denn sie leben in großem Unglück«. Mose gehorcht Gott. Aber der Pharao verfolgt die Hebräer mit seiner Armee. Da öffnet Gott einen Weg durchs Meer und rettet sein Volk.

David ist ein kleiner Hirte in Bethlehem. Es gibt Krieg. Der Riese Goliath fordert mit seiner gewaltigen Stimme: »Wer wagt es, mit mir zu kämpfen? Der Stärkere wird siegen«. Nur David hat Mut und antwortet: »Ich wage es! Ich habe keine Angst vor dir, denn Gott ist mit mir«. Und Gott schenkte ihm den Sieg.

Die Nachkommen von Abraham, die Hebräer, sind jetzt Sklaven des Pharao in Ägypten. Eines Tages wollte die Tochter des Pharao im Fluss baden. Da sieht sie ein kleines hebräisches Kind in einem Körbchen, das auf dem Wasser schwimmt. Sie sagt zu ihm: »Du sollst mein Kind sein. Ich nenne dich Mose, denn aus dem Wasser habe ich dich gerettet«.

Auf dem Berg spricht Gott zu Mose: »Ich allein bin dein Gott. Liebe mich mit deinem ganzen Herzen«. Mose trägt das Wort Gottes, geschrieben auf zwei große Steintafeln. Sie werden in einen großen Kasten gelegt, die Bundeslade. So wird Gott immer in der Mitte seines Volkes sein, das sein Wort bewahrt.

© Bernhard Böttge

Elementare biblische Geschichten einordnen

M2

Textkarten (3)

Gott ruft Jesaja. Jesaja antwortet: »Hier bin ich«. Gott schickt ihn los, allen zu verkünden: »Bereitet den Weg, der Herr kommt! Ein Kind wird geboren. Es wird Frieden und Freude bringen. Der Geist Gottes wird mit ihm sein. Es wird alle Völker versammeln, die unter dem Sternenhimmel wohnen, und sie werden eingehen in das Licht Gottes.«

Als Jesus etwa 30 Jahre alt ist, wandert er durch sein Land, um allen Menschen die gute Botschaft zu sagen: »Gott ist unser Vater. Liebt alle genauso, wie Gott uns lieb hat. Ihr seid alle Geschwister«. Jesus empfängt alle freundlich, die zu ihm kommen. Die Armen, die Kranken und die Kleinen, und auch den verhassten Zöllner Zachäus. Er verzeiht allen und bringt sie wieder zurecht.

David ist jetzt ein großer König geworden. Er singt und tanzt vor Gott, denn die Bundeslade, die Lade der Gemeinschaft mit Gott, kommt nach Jerusalem. Die ganze Erde soll singen und sich freuen im Herrn, Halleluja! Der Sohn von David, der König Salomo, baut für Gott ein wunderschönes Haus, den Tempel von Jerusalem.

In Bethlehem wird ein kleines Baby geboren. Sein Name ist Jesus. Er ist der sehnlich erwartete Retter, den Gott versprochen hat. Er liegt in einer Krippe bei Maria und Josef. Die Engel singen »Ehre sei Gott in der Höhe und Friede auf Erden«. Himmel und Erde feiern ein Fest. Es ist Weihnachten.

© Bernhard Böttge

Elementare biblische Geschichten einordnen M2

Textkarten (4)

In Jerusalem trägt Jesus das schwere Kreuz, umgeben von den Soldaten. Maria, Johannes und einige Freunde bleiben bei ihm. Die Mächtigen haben ihn nicht erkannt als den Boten Gottes. Sie haben ihn dazu verurteilt, am Kreuz zu sterben. Jesus vergibt ihnen. Aus Liebe verschenkt er sein Leben an alle Menschen.

Am Tag des Pfingstfestes sind die Freunde von Jesus mit Maria versammelt und beten. Da kommt der Geist Gottes über sie wie eine Taube und wie ein Feuer, das ihr Herz verwandelt. Nun werden sie die gute Nachricht von der Liebe Gottes allen Geschwistern auf dieser Erde verkünden im Namen des Vaters, des Sohnes und des Heiligen Geistes.

Jesus versammelt seine Freunde zu seiner letzten Mahlzeit. Er segnet das Brot, teilt es und gibt es ihnen und sagt: »Das ist mein Leib, der für euch gegeben wird. Nehmt und esst«. Jesus segnet auch den Becher mit Wein und gibt ihn ihnen und sagt: »Das ist mein Blut, das für euch vergossen ist. Nehmt und trinkt«.

Drei Tage später, am Ostermorgen, ist Jesus nicht mehr im Grab. Maria Magdalena sieht Jesus. Er lebt! Er ist auferweckt! Das ist eine große Freude! Halleluja! Jesus ruft uns in ein neues Leben – vereint in der Liebe Gottes unseres Vaters für alle Zeit. Halleluja!

© Bernhard Böttge

Wer ist dieser Jesus? — M2

Rembrandt: Jesus als junger Jude

Bridgeman Art Library Ltd. Berlin, Berlin

Erntedank feiern in der Schule — M1

Van Gogh: Der Sämann

© The Yorck Project Gesellschaft für Bildarchivierung mbH, Berlin

Schönberger Impulse

Übergänge reflektieren und gestalten **M 8**

Traum von der Himmelsleiter – Marc Chagall

Marc Chagall: Traum von der Himmelsleiter. Bridgeman Art Library Ltd. Berlin, Berlin. © VG Bild-Kunst, Bonn 2013

Übergänge reflektieren und gestalten **M 11**

Jakob kämpft – Sieger Köder

© Sieger Köder: Jakobs Kampf am Jabbok, mit Genehmigung der Schwabenverlag AG, Ostfildern

114 Schönberger Impulse

Martin Luther – Denkmal in Worms

HIER STEHE ICH,
ICH KANN NICHT ANDERS,
GOTT HELFE MIR! AMEN!

Warum wir heute evangelisch sind

M 3

Alte Handschriften

Albani-Psalter. Dombibliothek Hildesheim, HS St.God. 1
(Eigentm der Basilika St. Godehard, Hildesheim)

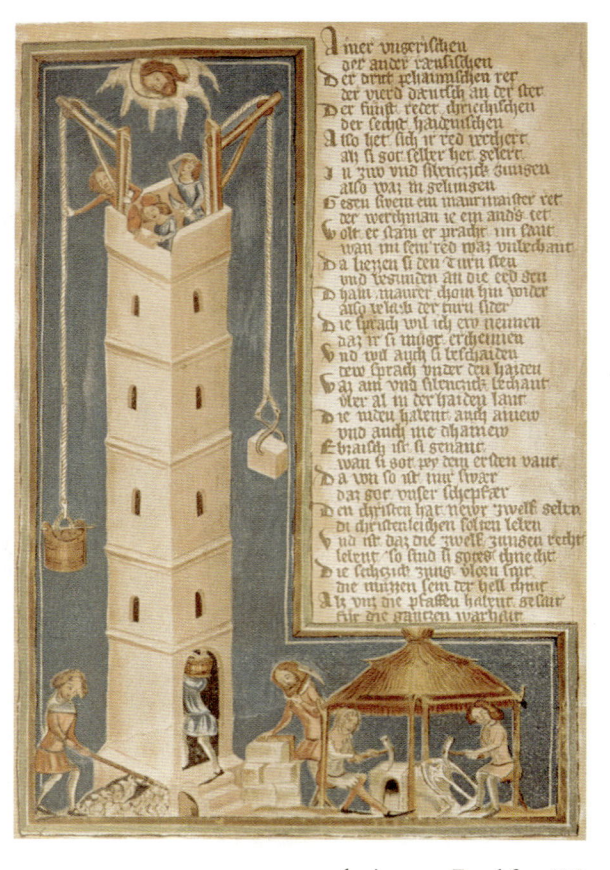

akg-images, Frankfurt / M.

Picture-Alliance, Frankfurt / M.

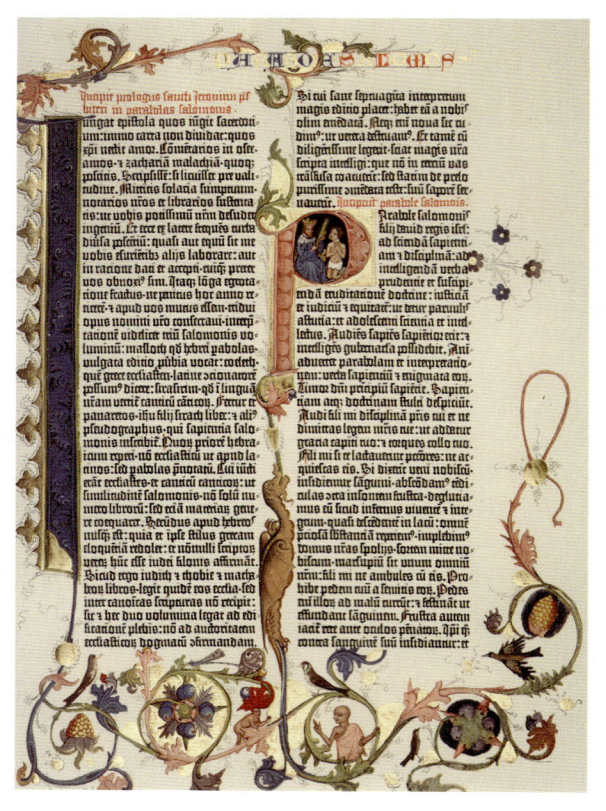

akg-images, Frankfurt / M.

Elementare biblische Geschichten einordnen

M1

Bildkarten (1)

aus: La Bible pour les petits. Bilder von Maîte Roche. Mame Fleurus edition Paris 2010

Schönberger Impulse

Elementare biblische Geschichten einordnen

M1

Bildkarten (2)

aus: La Bible pour les petits. Bilder von Maîte Roche. Mame Fleurus edition Paris 2010

Elementare biblische Geschichten einordnen

M 1

Bildkarten (3)

aus: La Bible pour les petits. Bilder von Maîte Roche. Mame Fleurus edition Paris 2010

Elementare biblische Geschichten einordnen

M1

Bildkarten (4)

aus: La Bible pour les petits. Bilder von Maîte Roche. Mame Fleurus edition Paris 2010